善知識 29

邱陽‧創巴仁波切（Chogyam Trungpa）◎著　　項慧齡◎譯

覺悟勇士
香巴拉的智慧傳承

Shambhala :
The Sacred Path of the Warrior

Shambhala

獻給格薩王

他既沒有開始，也沒有結束

他擁有虎、獅、大鵬金翅鳥、龍的榮耀

他擁有超越語言文字的信心

在香巴拉國王之足下吾頂禮

目次

▌第一部▌ **如何做一個勇士**

覺悟
勇士

作者邱陽・創巴仁波切的神采

攝影者：Andrea Roth

第一位香巴拉國王達瓦·桑波
唐卡繪圖：Ngödrup Rongae

中文版編者序

翻譯佛書本非易事,翻譯香巴拉佛法尤其困難。因爲香巴拉法教源自邱陽·創巴仁波切(Chögyam Trungpa)的心意伏藏(mind terma),其顯現於世,爲順應、連結當代人的心理結構及生活方式,有其創新、獨特、深具啓發性的用語。

邱陽·創巴仁波切的藏、梵、英文造詣均極佳,他在世時,運用英文寫書、講授,與西方弟子傳達溝通,完全無礙。如「本初善」(basic goodness),此英文原詞爲創巴仁波切所獨創,其意超越道德上之良善本性,爲佛性,覺性,空性;編者在二〇〇五年春天陪同薩姜·米龐仁波切——即創巴仁波切的法嗣、亦爲其子嗣,至新加坡、台灣、香港等地傳法,擔任其口譯之時,經與米龐仁波切討教確認,覺得可取其primordial 之意,另創一中文詞,譯爲「本初善」,以保存其力度與深度。

諸如此類的挑戰,在香巴拉教典的翻譯中有甚多處,如「宇宙君王」(universal monarch),梵文 Chakravartin,是完滿覺悟的統御者,中譯一般爲轉輪聖王或輪王;然根據創巴仁波切所述,在香巴拉的世界中,君王的力量來自做一個非常柔和的人;它來自敞開眞心。或「宇宙之鏡」(cosmic mirror),這類的詞語,爲保持原詞的特殊性和直截力量,那瀾陀翻譯小組的阿闍黎們——也就是早年與創巴仁波切共同翻譯教授之語彙的弟子們,建議我:翻譯時以忠於英文爲佳,而不強加等同於古來中譯的名相。畢竟,創巴仁波切的伏藏

語言，將佛法帶入現代人的生活語彙之中，並直通佛法之原始心髓泉源。

語言，本是一幫助讀者領悟的工具，而非障礙。又如「四威嚴」（four dignities），四種神話象徵動物及其所具特質的翻法──溫柔謙恭，振奮昂揚，勇猛無畏，不可測度（meek, perky, outrageous, inscrutable）；「眞威相」（authentic presence），藏音 wangthang「汪淌」的翻法；「風馬」（windhorse），藏音 lungta「龍踏」的翻法；香巴拉覺悟國王──利格登王（Rigdens）的翻法；以及其他諸多藏、英原詞，多有幸經過米龐仁波切及數位香巴拉阿闍黎的指導與討論，務求忠實於原著的精神意含，在同時，又能使中文讀者與此類詞語發生關聯，而獲益於其新鮮生動、親切簡明，卻又廣大深奧的原典本懷。

萬幸的是，橡樹林出版社委託項慧齡女士翻譯此一創巴仁波切的經典作，項女士譯筆優美動人，詳實中肯。編者受橡樹林出版社總編輯周本驥女士付囑爲特約編輯，所有香巴拉的專屬用語皆經往覆切磋，以求統一連貫。相信由此，對讀者在閱讀此一脈相承的、香巴拉教法的著作之時，及未來更多的香巴拉譯著時，會有莫大助益。而總編輯周本驥女士，及編輯王珊華女士，於編譯過程中的大力支持和溝通協助，使本書得以順利付梓，更是編者深感於懷的。

編者於台灣時，蒙聖嚴法師教導，研習佛法。赴美後，浸研於香巴拉佛教多年，深爲其浩瀚豐沛、眞摯直接，與切合時

代的佛法語言所震撼。《覺悟勇士》英文一書自一九八四年在美出版後，至今，已被翻譯成十六種世界語言，發行八十萬冊，利益眾生，無遠弗屆，已超越地域、文化、宗教的藩籬。今中文版終於在台出版，誠屬期盼已久之一大盛事。祈願 香巴拉法教光耀弘傳，普照黑暗世間！

三寶弟子
蔡雅琴
二〇〇六，火狗年春，紐約

英文版編者序

邱陽‧創巴最為西方讀者所熟知的是，他是數本關於佛教教法的暢銷書作者，其中包括《突破修道上的唯物》（*Cutting Through Spiritual Materialism*）、《自由的迷思》（*The Myth of Freedom*）和《動中修行》（*Meditation in Action*）。本書《覺悟勇士》是和這些早期著作分隔的主要分水嶺。雖然作者認同香巴拉教法和佛教原則的關係，他也花了一些篇幅來探討靜坐禪修——事實上，與佛教的禪修法門別無二致——但是這本書所呈現的，明顯是一個屬世的觀點，而非宗教的觀點。本書極少使用外來詞彙，但在內容和語調方面卻非常直接——有時候是非常令人感到疼痛的——一針見血地指出人類的經驗和挑戰。

即使是他在前言所簽的名字——木克坡的多傑札都（Dorje Dradul of Mukpo）——也區分了本書和其他著作的不同。《覺悟勇士》是關於勇士的道路，或者勇氣的道路；這條道路開放給任何尋求一個純正真誠和無所畏懼的存在的人類。「多傑札都」這個頭銜，意指「無可摧毀的」或「金剛勇士」。木克坡是作者的家族姓氏；在作者的幼年時期，這個家族姓氏即被他的法名邱陽‧創巴仁波切所取代。在第十一章「當下」之中，作者描述了木克坡這個姓氏對他的重要性，並且給我們一些暗示，為什麼他在本書的脈絡之中使用這個姓氏。

雖然作者使用香巴拉王國的傳奇和意象來做為他陳述的基礎，但是他相當明確地指出，他所陳述的不盡是佛教「時輪

金剛」（Kalacakra）關於香巴拉的教法，取而代之的，本書汲取了古代的、或許是原始的智慧和人類行為處事的原則；這些智慧和原則展現在工業化之前的傳統西藏、印度、中國、日本和韓國社會之中。本書特別從西藏的勇士文化中，擷取了它的意象和靈感。這種勇士文化比佛教更早存在於西藏，並且一直到一九五九年中共入侵西藏之前，一直對西藏社會具有一個根本的影響。然而，不論這個勇士文化的源頭為何，本書所呈現的願景（vision）還不曾出現在其他地方。它是對於人類的境況和潛能，所做的一個獨一無二的陳述。而作者熟悉的、縈繞於心的語氣，使本書更加卓越非凡——彷彿我們已經知道真理盡含於此。

作者對於香巴拉王國的興趣，可以追溯至他在西藏的時光。當時，他是蘇芒寺（Surmang monasteries）的總住持。他研讀一些密續法本，其中談論到香巴拉這個傳奇王國、通往它的道路，以及它內在的象徵意義。一九五九年，當他穿越喜馬拉雅山逃離中共的時候，邱陽・創巴仁波切正在撰寫一部從宗教體驗來敘述香巴拉歷史的文稿，但不幸的是，它被遺落在旅途之中。詹姆士・喬治（James George）先生——前加拿大駐印度外交大使，也是本書作者的私交——指出，在一九六八年，創巴仁波切告訴他「雖然他從未去過那裡（香巴拉），但是他相信它的存在，每當他進入甚深禪定的時候，他就能夠在他的鏡子中看見香巴拉。」接著喬治先生告訴我們，他後來目睹作者凝視著一面小手鏡，詳細地描述香巴拉王國的經過。如喬治先生所說：「……創巴在我們的書房描

述他所見到的事物，彷彿他正往窗戶外面眺望一般。」

儘管對於香巴拉王國具有長年的興趣，但是當邱陽・創巴仁波切首次來到西方國家的時候，他不但沒有四處宣揚，反而避免提及香巴拉。只有在一九七六年，在他展開爲期一年的閉關之前幾個月，他開始強調香巴拉教法的重要性。在一九七六年的「金剛界研討課程」（Vajradhatu Seminary）中——針對兩百名學生所開設的三個月進階訓練課程——邱陽・創巴仁波切給了幾次關於香巴拉原則的開示。之後，在他一九七七年的閉關期間，作者寫出一系列關於香巴拉的教授，並且要求他的弟子創立一個世間性的、開放給大眾的禪修課程，並爲這個課程取名爲「香巴拉訓練」（Shambhala Training）。

從那個時候開始，作者給予了超過一百次與香巴拉願景有關的開示。在這些開示之中，有些是針對「香巴拉訓練」的學生；許多是針對「香巴拉訓練」的老師；少數是在美國的主要城市所發表的公開演說；而有一些開示則是名爲「香巴拉勇士」（The Warrior of Shambhala）的公開研討會的一部分，這是在一九七九年夏天，於科羅拉多州博德市（Boulder）的那洛巴學院（Naropa Institute），與宇色・天津（Ösel Tendzin）共同教授。

爲了準備本書，編輯群在作者的指導之下，檢閱所有與香巴拉有關的演說，從中挑選最好的，或最適當的論述。此外，作者也替本書撰寫了從未發表的內容，尤其是在第二十章

「眞威相」中，所討論的溫柔謙恭、振奮昂揚和勇猛無畏的三種威嚴。在一九七七年閉關期間，他已經撰寫了關於第四威嚴「不可測度」的論文。而爲本書所做的其他三威嚴的討論，則是以符合該論文的風格來撰寫。

在決定章節的先後順序和題目的邏輯發展的時候，原始的演說本身即是最佳的引導。在研究這些資料的時候，編輯們發現香巴拉教法所呈現的，不僅是心智、心靈（mind）的邏輯，也是心（heart）的邏輯。這些教法同時立基於直覺和理智，交織成一幅錯綜複雜、時而交錯來回的人類體驗的圖畫。爲了保存這個特質，編輯們選擇以原始演說本身的結構，來規劃本書的架構。出於必然的，這種做法有時候導致一個題目出現自相矛盾、甚至看似相互牴觸的處理方式。然而，我們發現保留原始演說的邏輯和錯綜複雜性，最能呈現資料的精準優雅和完整性。

尊重原始演說的整體性，也是處理語言的指導原則。在表達香巴拉原則的時候，作者採用常見的英語詞彙，例如「美好良善」（goodness），卻賦予它們不常見的、常常是超乎尋常的意義。透過這種做法，邱陽・創巴把日常經驗提升到神聖的層次，在此同時，他也把深奧的概念，例如神奇的力量，帶入一般理解和覺知的領域。這個目的的達成，常常是透過充分延展、充分利用看似簡明的英語語言，來順應迎合微妙的理解。我們在編輯的時候，努力保存並帶出作者的聲音，而非加以壓制。我們認爲，這種做法最能傳遞本書的力量。

在著手進行《覺悟勇士》之前，許多作者的演說已經過編輯，供「香巴拉訓練課程」的學生和老師使用。初期的編輯工作要歸功於麥克·柯恩（Michael Kohn）、茱迪絲·麗芙（Judith Lief）、莎拉·李維（Sarah Levy）、大衛·羅姆（David Rome）、芭芭拉·寶茵（Barbara Blouin）和法蘭克·柏林納（Frank Berliner）；他們大幅減輕了本書的準備工作。

「香巴拉訓練」所使用的課程，對於組織本書的資料有極大的助益，因此我們要感謝在過去六年期間，和作者一起訂定修正這個課程的人們：大衛·羅姆，作者的私人秘書及修肯叢書（Schocken Books）出版助理；傑若米·海渥博士（Dr. Jeremy Hayward），那瀾陀基金會（Nalanda Foundation）的副總裁；麗拉·李奇（Lila Rich），「香巴拉訓練」的執行主任；以及「香巴拉訓練」的所有工作人員，特別是法蘭克·柏林納、克麗絲蒂·貝克（Christie Baker）和丹恩·荷姆斯（Dan Holmes）。

「香巴拉訓練」的創辦人、邱陽·創巴仁波切的法嗣宇色·天津持續提供指導，檢閱本書原始的提案計畫，並且在完成各個階段的手稿之際，給予重要的回饋。我們非常感謝他的參與。

香巴拉出版社的出版人山繆·柏可茲（Samuel Bercholz）也扮演類似的角色。從他在一九六八年替他的公司所取的名字來看，柏可茲與香巴拉及其智慧有相當深刻的淵源。他相信本書的出版計畫，以及他對這個計畫的不變興趣，是推動、促使這個計畫完成的主要力量。

「金剛界」（Vajradhatu）①的兩位優秀編輯也值得特別的矚目：莎拉・李維和唐娜・荷姆（Donna Holm）。此外，我們想要特別感謝新科學文庫（New Science Library）的編輯及《從伊甸園向上》（*Up from Eden*）等書的作者肯恩・韋伯（Ken Wilber）。他閱讀倒數第二校和最後一校的手稿，所給予的詳細中肯的建議，使本書的定稿有了決定性的修改。

羅伯特・渥克（Robert Walker）擔任編輯群的行政助理。沒有他所提供的協助和支持，本書絕對無法完成。他優秀且勤奮的貢獻，值得我們給予最大的感謝。瑞秋・安德森（Rachel Anderson）也曾擔任數個月的行政助理，我們也感謝她的協助。要一一列舉在展開本書的出版工作之前，即已完成手稿謄寫的志工的姓名，是不可能的，但是他們的努力倍值感謝。

編輯群也要感謝那瀾陀翻譯小組（Nalanda Translation Group）翻譯出現在本書的藏文，尤其要感謝烏金・賢遍（Ugyen Shenpen）書寫原始的藏文文稿。我們也要感謝香巴拉出版社的編輯和後製部門的職員的協助，尤其是賴瑞・莫梅斯坦（Larry Mermelstein）、艾蜜莉・赫本（Emily Hilburn）和海瑟・柏可茲（Hazel Bercholz）。

我們也要感謝許多其他的讀者，花時間來檢閱定稿，並且給予建議。我們要特別感謝溫蒂・戈伯博士（Dr. Wendy Goble）細心地編輯最後的定稿。

對於本書的作者，我們無法表達適當的感謝——感謝他呈現

香巴拉教法的遠見，以及協助他編輯本書的殊榮。除了和編
輯們密切合作，處理手稿之外，他似乎也提供了一個充滿神
奇力量的氛圍，瀰漫並鼓舞了這整個計畫。這麼說或許有所
僭越之處，但是一旦閱讀了本書之後，讀者們或許會發現，
這不是一個怪異的陳述。彷彿作者賦予了本書力量，使它能
夠超越編輯們的拙劣眼光，顯露它所蘊含的智慧。我們只希
望，我們沒有遮蔽了或削弱了這些教法的力量。願這教法幫
助一切眾生從落日觀的爭鬥惡行中獲得解脫。

凱若琳‧羅絲‧吉米安（Carolyn Rose Gimian）

科羅拉多州博德市

一九八三年十月

【譯註】

① 「金剛界」（Vajradhatu）：一九七三年，由邱陽‧創巴仁波切創設，特別強調日
常生活中的見地與實修的重要性。它為各種程度的學員提供系列的教育、修行課
程，以漸進與有系統的方式加深學員對佛法的領悟和體驗。

前言

我非常高興能夠在本書中呈現香巴拉的願景。它正是世界所需要、所渴求的事物。但是我想要釐清，這本書沒有揭露任何佛教密乘香巴拉教法的秘密，它所呈現的也不是「時輪金剛」的宇宙觀。相反的，對於那些已經遺失了生活中神聖、尊嚴和勇士原則的人而言，這本書是一本手冊。它是以勇士的原則爲基礎，而這些原則早已體現在印度、西藏、中國、日本和韓國等古代文明之中。這本書教導我們如何提升一個人的生活方式，如何去傳播勇士之道的眞正意義。本書是受到偉大的西藏國王格薩王（Gesar of Ling）的典範和智慧的啓發──格薩王的不可測度、無畏無懼，以及他運用虎、獅、大鵬金翅鳥、龍的原則（即本書所討論的四威嚴，藏文Tak, Seng, Khyung, Druk）來征服粗俗野蠻的方式。

對於過去我能夠一直在佛法的脈絡中，呈現人類生命的智慧和尊嚴，我感到既榮幸又感激。此刻，呈現香巴拉勇士之道的原則，以及我們如何能夠如勇士一般，用無畏和歡欣來處理我們的人生，而不毀滅彼此，帶給我巨大的喜悅。如此一來，東方大日（Great Eastern Sun）的願景就能夠被發揚，而存在於每一個人心中的美善，就能夠毫無疑惑地被顯露實現。

木克坡的多傑札都（Dorje Dradul of Mukpo）

科羅拉多州博德市

一九八三年八月

第一部
如何做一個勇士

從偉大的宇宙之鏡
沒有開始也沒有結束，
人類社會於其中彰顯呈露。
在那個時候，解脫和迷妄生起。
當恐懼和疑惑朝著原本自由無礙的信心發生的時候，
無量無數的懦夫出現了。
當原本自由的信心被遵循、被引以為榮的時候，
無量無數的勇士出現了。
那些無數的懦夫
把自己隱藏在洞穴和叢林中。
他們殺害自己的兄弟姐妹，吞食他們的血肉，
他們以禽獸為榜樣，
他們激起彼此的恐懼；
因此他們取了自己的性命。
他們點燃了瞋恨的巨火，
他們不斷攪動貪欲之河，
他們在愚惰之泥濘中打滾：
飢饉和瘟疫的時代來臨了。

在那些獻身於本初信心的人之中，

有許許多多的勇士，

有些人走入高山

建築美輪美奐之水晶城堡。

有些人前往有著美麗的湖水和島嶼之地

打造秀美動人的宮殿。

有些人前去宜人的平原

種植大麥、稻米和小麥。

他們從不爭吵，

永遠慈愛，非常慷慨。

沒有鼓勵，透過他們自生的不可測度，

他們對本初之帝尊──香巴拉國王永遠虔誠。

第一章 ▎創造一個覺醒的社會

香巴拉的教法是奠基在一個前提之上：有一個基本的人類智慧，能夠解決世界的種種難題。這種智慧不屬於任何文化或宗教，也不只是源自西方或東方。更確切地說，它是一種勇士傳統，一直存在於整個人類歷史眾多時期的眾多文化之中。

覺悟王國香巴拉

在西藏及許多其他亞洲國家之中，存在著許多關於一個傳奇國度的傳說，而這個傳奇國度，是當代亞洲社會知識和文化的根源。根據傳說，它是一個和平繁榮的處所，由英明慈悲的統治者掌理。此地的居民也同樣心地慈善、博學多聞，因此一般而言，這個國度是一個模範社會。這個處所名叫「香巴拉」（Shamhbala）。

據說，在香巴拉社會發展的過程中，佛教扮演了舉足輕重的角色。傳說告訴我們，釋迦牟尼佛曾經把高深的密續教法，授予香巴拉的第一位國王達瓦‧桑波（Dawa Sangpo）。這些教法被保存下來，即所謂的《時輪金剛密續》（*Kalacakra Tantra*），被認爲是西藏佛教之中，最深奧的智慧。根據傳說，在國王達瓦‧桑波領受了佛陀的教導之後，香巴拉的所有居民開始修持禪定，遵循慈悲、關愛一切有情眾生的佛法

道路。如此一來，不只是國王，包括香巴拉的所有臣民，都成爲高度發展的眾生。

在西藏人當中，存在著一個普遍的信仰，相信香巴拉這個王國隱藏在喜瑪拉雅山脈，某一個偏僻的山谷之中，仍然可以被尋獲。同樣的，也有許多佛教典籍給予詳細卻晦澀難解、如何抵達香巴拉的方位指示。然而，人們應該如實地採信這些指示的字面意義，抑或是把它們當做隱喻，則眾說紛紜。也有許多經典巨細靡遺地描述香巴拉王國。舉例來說，根據十九世紀著名的佛教上師米龐（Mipham）所著的《時輪金剛大論》（*Great Commentary on the Kalacakra*），香巴拉這個國度位於西塔河（Sita）之北，整個國家被八座山脈分割。「利格登」（Rigdens）或香巴拉國王的宮殿，被建造在國土中央、一座環形山脈的峰頂。根據米龐所說，這座山被稱爲「須彌山」（Kailasa）①。香巴拉國王的宮殿被稱爲「卡拉帕」（Kalapa），佔地數平方英里。從宮殿前方延伸至南方，有一個名爲「瑪萊亞」（Malaya）的美麗庭苑；在庭苑中央，有一座達瓦·桑波所建造，獻給時輪金剛的寺廟。

其他傳說則指出，香巴拉王國在數個世紀以前，便從地球上消失。在某個時候，香巴拉所有的居民都證悟覺醒，整個王國進入另一個更神聖的境界。根據這些傳說，香巴拉的國王持續看顧人間事務，有朝一日將重返世間，拯救人類免於毀滅。許多西藏人相信，偉大的西藏勇士，林國的格薩王（king Gesar of Ling），曾經受到利格登們和香巴拉智慧的啓發和引導。這一點反映了人們相信香巴拉王國確實超越世間而

存在。一般認爲，格薩王不曾親身前往香巴拉，因此他和香巴拉王國之間的關係，是一種宗教精神體性的聯繫。格薩王大約生於第十一世紀，統治西藏東部康省的林國。在格薩王的統治之下，關於他身爲一名勇士和統治者的成就的種種事蹟，迅速傳遍整個西藏，最後成爲西藏文學上最偉大壯闊的史詩。有些傳說指出，格薩王將從香巴拉再度現身，統領一支軍隊來征服世間的黑暗勢力。

世間覺醒的理想典型

最近幾年，一些西方學者指出，事實上，香巴拉可能是歷史文獻記載的早期幾個王國之一，例如中亞的象雄王國（Zhang-Zhung kingdom）②。然而，許多學者認爲，香巴拉的傳說完全是神話的想像虛構。儘管人們很容易就能夠把香巴拉王國斥爲純屬虛構而打發過去，但是把這個傳說視爲一種人類渴望的展現——深植人心的、對於一個自我實現的美好人生的眞實渴求——也是可能的。事實上，在許多西藏佛教上師之間，存在著一個長久的傳統，把香巴拉王國視爲覺醒和清明的基礎或根源，而不是一個外在的處所；而這種覺醒和清明，是存在於每一個人之中的一種潛能。從這個觀點來看，去推斷香巴拉王國是眞實或虛構的，不是重要的。相反的，我們應該欣賞和仿效香巴拉王國所呈現的覺醒社會的理想典型。

在過去七年，我推出了一系列的「香巴拉教法」，運用香巴拉

王國的形象來代表世間覺醒的理想，也就是在沒有任何宗教觀點的協助之下，提升我們個人及其他人之存在的可能性。因為香巴拉的傳承雖然是奠基在佛教傳統的清明和溫柔之上，但同時它也具有自身的獨立基礎；這個獨立基礎直接養成我們生而為人的本質。目前，在人類社會面臨巨大問題的時候，去尋找一個單純且不分宗派的方法，來處理我們自己的問題，並且和他人分享我們的認識與理解，似乎愈來愈重要。香巴拉教法，或比較被廣泛稱呼的「香巴拉願景」，即是這樣的一種企圖和努力，來鼓勵我們和他人擁有一個健全的存在。

香巴拉願景和勇士之道

當前的世界情勢，是我們所有人憂心的來源：核子戰爭的威脅、普遍蔓延的貧窮、經濟的不穩定、社會和政治的動盪，以及種種精神心理上的騷動和劇變。世界正陷入絕對的混亂之中。香巴拉的教法是奠基在一個前提之上：有一個基本的人類智慧，能夠解決世界的種種難題。這種智慧不屬於任何文化或宗教，也不只是源自西方或東方。更確切地說，它是一種勇士傳統，一直存在於整個人類歷史眾多時期的眾多文化之中。

此處的勇士之道，不是指對他人發動戰爭，干戈相見。侵略是我們的問題的來源，而非解決之道。在這裡，「勇士」這個字，是取自藏文的「帕渥」（pawo），其字面意義是「勇敢

的人」。在這個背景脈絡之中，勇士之道是一種人類勇氣的傳統，或無畏無懼的傳統。北美印第安人擁有這樣的傳統，而這種傳統也存在於南美印第安人的社會之中。日本武士道的理想典型，也代表了一個勇士傳統的智慧。同樣的，在西方的基督教社會之中，也一直存在著覺醒的勇士之道的原則。在西方傳統之中，亞瑟王是勇士之道的傳奇典範，而在《聖經》之中，偉大的統治者如大衛王，既是猶太教傳統，也是基督教傳統的勇士模範。在我們所居住的地球之上，曾有眾多傑出優秀的勇士典型。

勇士之道和香巴拉願景的首要原則，即是不畏懼自己的真實面貌。究竟而言，那是勇氣的定義：不畏懼自己。香巴拉願景教導我們，在面對世界的巨大難題的時候，我們既可以表現英勇，也可以表現仁慈。香巴拉願景是自私自利的相反。當我們畏懼自己，畏懼世界所呈現的、看似真實的威脅的時候，我們就會變得非常自私自利。我們想要建築一個屬於自己的小小巢穴，編織一個屬於自己的繭，如此我們以為自己就能夠安全地獨自生活。

幫助他人從幫助自己開始

但是，我們可以更加更加勇敢。我們必須把思想超出我們的家庭之外，超出壁爐的熊熊火光之外，超出在早晨送我們的孩子上學或去上班的思想之外。我們必須努力去思考如何能夠幫助這個世界。如果我們不對世界伸出援手，將沒有人

會。這是輪到我們幫助世界的時候了。同時，幫助他人不代表棄我們自己的生活於不顧。你不需要急著去變成所在城市的市長，或成為美國總統來幫助他人，但是你卻可以先從幫助自己的親戚、朋友及週遭的人開始。事實上，你可以從幫助自己開始。重點是，你要了解，你沒有所謂「下班」的時候。你沒有放鬆一下的時候，因為整個世界需要協助。

儘管協助世界人人有責，但是如果我們試圖把自己的想法或協助強加於他人，那麼我們將製造額外的混亂。許多人對於世界需要什麼，都有其一套理論。一些人認為，世界需要共產主義；另一些人認為，世界需要民主；一些人認為，科技將拯救世界；另一些人認為，科技將毀滅世界。香巴拉教法不是奠定在「把世界改信成另一種理論」的基礎之上。香巴拉願景的前提是，為了替他人建立一個覺醒的社會，我們需要去發掘有什麼是我們與生俱有的，可以貢獻給世界的。因此，我們首先應該努力去檢視自己的經驗，去看看它包含了什麼有價值的事物，可以幫助我們自己，以及幫助他人提升他們的存在。

如果我們願意用一個不偏不倚的眼光來檢視，我們會發現，不管我們所有的問題和迷惘，所有情緒和心理的起伏，生而為人有其基本的美好良善。除非我們能夠發現自己生命中的良善基礎，否則我們無法希望自己能夠改善他人的生活。如果我們只不過是個悲慘可憐的生命，我們如何有可能去想像一個覺醒的社會？更別提去實現一個覺醒的社會了。

本初善——直接單純的體驗

發現真正的良善，來自於欣賞非常單純的經驗。我們所指的不是賺了一百萬美元感覺有多麼美好，或終於從大學畢業，或購置了一幢新宅感覺有多麼美好。我們在此談論的是，活著的基本美善（basic goodness），即本初善。本初善不必仰賴我們所獲得的成就，或慾望的滿足實現。我們時時刻刻都瞥見本初善的微光，但我們卻常常忘了去認知肯定它們。當我們看到明亮鮮豔的色彩之時，我們正見證了自己本具的良善。當我們聽到優美的聲音之時，我們正聽到了自己的本初善。當我們踏出淋浴間時，我們感到舒爽潔淨。當我們走出一個通風不良的房間時，我們欣賞迎面吹拂而來的新鮮空氣。這些事件或許只在轉瞬之間閃現，但它們都是良善的真實經驗。它們時時刻刻在我們身上降臨，但我們通常把它們當做是平凡的或純粹的巧合而予以忽視。然而，根據香巴拉的原則，認清並且善用這些時刻是值得的，因為它們展現了我們生命之中的基本平和、不侵略，與清新的本質——本初善。

每一個人都擁有良善的基本本質，而且這種良善本質是純然不惑的。這種良善包含了巨大的溫柔和欣賞。身為人類，我們可以做愛。我們可以輕柔地撫摸一個人；我們可以用溫和的了解來親吻一個人。我們可以欣賞和感激美好的事物。我們可以欣賞和感激這個世界上最棒的事物。我們可以欣賞這個世界的鮮明：黃色的黃，紅色的紅，綠色的綠，紫色的紫。我們的體驗是真實的。當黃色是黃色的時候，如果我們

不喜歡黃色的黃，我們能夠說它是紅色嗎？這麼做會牴觸實相。當我們擁有陽光的時候，我們能夠排斥它，並且說陽光是令人討厭的嗎？我們真的能夠那麼說嗎？當我們擁有燦爛的陽光或美妙的降雪時，我們欣賞它。當我們能欣賞實相的時候，它確實能夠對我們造成影響。我們或許只睡了幾個小時，就必須在早晨起床，但是如果我們望向窗外，看到陽光照耀，它能夠讓我們振奮起來。事實上，如果我們認清我們所擁有的世界是美好的，我們就能夠治癒自己的憂鬱。

世界是美好的，並不是一個武斷的想法；世界是美好的，因為我們可以體驗它的美好良善。我們可以體驗世界是健全而單純、直接而真實的，因為我們的本性順應著情境的良善美好。人類智力和尊嚴的潛能，是用來體驗亮藍天空的燦爛、青翠綠野的清新，以及樹木山巒的優美。我們和實相之間擁有真實的聯繫，能夠喚醒我們，讓我們感受基礎的、根本的美好良善。香巴拉願景是發現我們本具的能力，喚醒自己，並且認知到美好良善是會發生在我們身上的。事實上，它已經發生了。

本初善不能被攫取或屈求

但是，仍然有一個問題。你或許已經和你的世界建立了真實的聯繫：發覺陽光的閃現、看見鮮明的色彩、聽見優美的音樂、品嘗美味可口的佳餚等等。但是，瞥見本初善，如何和不斷發生的經驗有所關聯？一方面，你或許覺得：「我想要

獲得存在於我內在，以及存在於現象世界中的美好良善。」因此，你急著去尋找一個能夠擁有本初善的方法。甚或從一個比較粗陋的層面，你或許會說：「要花多少錢才能得到那種美好良善？那種經驗是那麼的美妙。我想要擁有它。」這種態度的基本問題是，即使你獲得你想要的事物，你也絕不會感到滿足，因為你仍然「想要」得厲害。如果你到紐約市的第五大道上散散步，你就會看見那種絕望。你或許會說，在第五大道上購物的人擁有高尚的品味，因此他們具有了悟人類尊嚴的可能性。但是另一方面，他們彷彿全身覆滿了刺般焦慮不安。他們想要抓取更多、更多、更多。

其次，有一種態度是屈服或低聲下氣，來獲得本初善。某一個人告訴你，若你把生命交付給他，他就能讓你幸福快樂。如果你相信他擁有你所渴望的美好良善，那麼你可能會願意剃髮，或穿上袈裟，或在地上爬行，或用手吃東西，來獲得美好良善。你願意用你的尊嚴來交換，成為一個奴隸。

這兩種情況都試圖要重新取得某些美好、真實的事物。如果你富裕，你會願意花費成千上萬的金錢來達到這個目的。如果你貧困，你會願意付出生命來獲得這些事物。然而，這兩種態度和方法，都有不當之處。

問題在於，當我們開始認識到存在於自己內在的潛藏良善之時，我們常常把我們的發現看得太過嚴肅認真。我們可能會為了這種美好良善而殺人或犧牲一己的生命；我們是那麼的想要它。我們所欠缺的是幽默感。此處所指的幽默，不是開

玩笑或表現滑稽，或批評嘲笑他人。真正的幽默感是擁有一種輕柔的態度：不是死死的界定、執取實相，而是用一種輕柔的態度來欣賞實相。香巴拉願景的基礎是重新發現那種完美、真實的幽默感，那種欣賞的輕柔。

平常日用，皆有幽默

如果你檢視自己，如果你檢視你的心，如果你檢視你的活動，你就能夠重新擁有生命過程中所喪失的幽默。首先，你必須檢視普通平常的、家庭內的真實物品：你的刀子、你的叉子、你的盤子、你的電話、你的洗碗機，以及你的毛巾——平常的事物。它們沒有什麼神秘或不尋常，但是如果你和平凡的日常情境沒有任何聯繫，如果你不檢視你的世俗生活，那麼你將永遠不會發現幽默或尊嚴，或究竟，或任何實相。

你梳理頭髮的方式、你穿衣服的方式、你清洗碗盤的方式——所有這些活動，都是清明感的延伸；它們是連結實相的途徑。當然，叉子是叉子。它是一個簡單的食器。但是在同時，你的清明和你的尊嚴的延伸擴展，或許要仰賴於你使用叉子的方式。非常簡單地，香巴拉願景是要誘導你去了解你生活的方式，以及你和日常生活之間的關係。

身為人類，我們基本上是覺醒的，我們能夠了解實相。我們不受生活所奴役；我們是自由自在的。在這個情況下，自由自在即指我們擁有一個身體和一個心靈，我們能更提升自己，用一種尊嚴、充滿幽默的方式來與實相共處。如果我們

開始振作提升，我們將會發現，整個宇宙——包括季節、降雪、冰霜和泥濘——也充滿力量地與我們共處。生命是一個充滿幽默的情境，但是它不是在嘲弄我們。我們發現，畢竟，我們能夠處理我們的世界；我們能夠用一種振奮的方式，適當且完全地處理我們的宇宙。

發現本初善是一種了悟

發現本初善，尤其不是一種宗教體驗。更確切地說，發現本初善是一種了悟；了悟到我們能夠直接體驗實相，並且和實相——我們所處的真實世界——共處。體驗我們生命中的本初善，讓我們覺得我們是明智、正當的人，而且世界不是一個威脅。當我們覺得，我們的生命是真誠且美好的，我們就不需要去欺騙自己或欺騙他人。我們可以正視自己的缺點，而不會感到內疚或有所不足，同時，我們亦能夠看見自己把美好良善擴及他人的潛在能力。我們可以直率地說出真理，完全開放又堅定不移。

勇士之道的本質，或人類勇氣的本質，是拒絕放棄任何人或任何事。我們絕不可以說，我們或任何其他人終究要一蹶不振，我們也絕不可以說世界終究要分崩離析。在我們有生之年，世界將面臨巨大的難題，但是讓我們確定，在我們有生之年，不會有災難發生。我們可以預防災難的發生。它取決於我們。我們可以先從拯救世界免於毀滅開始。這是香巴拉願景之所以存在的原因。這是一個歷經數世紀的信念：藉由

服務這個世界，我們可以拯救這個世界。然而，拯救世界是不夠的。我們也必須努力去建構一個覺醒的人類社會。

在這本書裡，我們要探討覺醒社會的基礎，以及通往覺醒社會的道路，而非描述一個烏托邦綺想中的覺醒社會。如果我們想要幫助世界，我們必須親自走上這段旅程——我們不能只是理論化或推測我們的目的地。因此，它仰賴我們每一個人去尋找覺醒社會的意義，以及實現這個覺醒社會的方法。我希望，藉由呈現香巴拉勇士的道路，將有助於開啓這個發現的開端。

【譯註】

①「須彌山」（Kailasa）：或稱崑崙山、雪山，被視為一座聖山。

②象雄王國（Zhang-Zhung kingdom）：在漢文典籍中，古代象雄被稱為「羊同」。藏文史書中稱象雄為 Zhang Zhung。在西藏古代歷史上，象雄疆域遼闊，國力強盛，是吐蕃王朝崛起以前青藏高原最大的文明古國。

僅僅是活在當下此處,你的人生就可能變得實際可行,甚至精
采美好。你發現,你可以像王座上的國王或王后。那種莊嚴如
帝王的情境向你證明,尊嚴來自於寂靜和單純。

珍重生命,溫柔欣賞

世界上許多動亂的發生,乃是因為人們不賞識自己。人們從
未對自己發展出同情和溫柔,無法體驗內心的和諧或平靜,
因此其他人在他們眼中,也是不和諧且充滿迷惑的。我們不
欣賞我們的生命,反而把我們的存在視為理所當然,或者認
為生命是令人感到心灰意冷,累贅沈重的。人們威脅要自我
了斷,因為他們沒有得到他們認為自己應得的事物。他們用
威脅要自殺來勒索其他人,揚言如果某些事情沒有改變,就
要殺了自己。無疑的,我們應當看重自己的生命,但是重視
生命不代表我們應抱怨自己所面臨的問題或憤世嫉俗,迫使
自己走向不幸的邊緣。我們必須扛起提升我們生命的個人責
任。

當你不懲罰或責備自己的時候,當你更加放鬆,並且欣賞你
的身體和心靈的時候,你便開始接觸了你內在的本初善。因
此,願意開放地面對自己,是非常重要的。對你自己生起溫

柔，可以讓你正確地看清自己的問題和自己的潛能。你不會覺得，你必須忽視你的問題，或誇大你的潛能。那種對自己的溫柔和欣賞，是非常必要的。它提供了協助自己和他人的基礎。

身為人類，我們內在擁有一個運作基礎，能夠讓我們提升我們的生命狀態，並且徹底地振奮起來。那種運作基礎，隨時可以供我們取用。我們擁有一個心靈和一個身體；對我們而言，這身體和心靈非常珍貴而殊勝。由於我們擁有心靈和身體，所以我們能夠理解這個世界。活著是美好而珍貴的。我們不知道我們會活多久，因此當我們擁有生命的時候，為什麼不善用它？甚至在我們善用生命之前，我們為什麼不去欣賞和感激它？

禪修——香巴拉的古老傳統

我們要如何發掘這種欣賞和感激？一廂情願的想法或空談生命，不會有所助益。在香巴拉的傳統中，靜坐禪修是培養對自己的溫柔和對身處世界欣賞的戒律。兩千五百多年前，世尊佛陀教導禪坐的修持法門，而從那個時候開始，禪修就一直是香巴拉傳統的一部分。它是以一種口耳傳統為基礎：從佛陀的時代以降，這個修持法門就被一個人傳授給一個人。如此一來，雖然它是一個古老的修持法門，卻仍然是一個活生生的傳統，仍然與時俱進。在這個章節之中，我們將詳細討論禪修的技巧，但是記住以下的話是重要的：如果你想要

徹底而完整地了解這個修持法門，你需要直接且個人的教導。

我們在此處所指的禪修，是非常基本且簡單的事物，與任何一種文化無關。我們所談論的是一種非常基本的行為：坐在地上，採取一個良好的姿勢，發展出一種我們在這個地球上的當下感（a sense of our spot）。這是重新發現自己，以及發現我們的本初善的工具；這是我們發現真正的實相，沒有任何期待或先入之見的方法。

「禪修」（meditation）這個字，有時候被用來指沈思、冥想一個特定的主題或對象：沈思這樣那樣的一件事物。透過沈思一個問題或困境，我們可以找到解決問題的辦法。有時候，沈思冥想也和達到心靈的更高狀態有關；這種狀態是藉由進入某種出神或一心不亂的狀態來達成。然而，我們在此所談論的，是一種完全不同的禪修概念：非造作的禪修（unconditional meditation），心中沒有任何主觀或想法。在香巴拉的傳統中，禪修純粹是訓練我們的生命存在狀態，如此一來，我們的身體和心靈就會協調一致。透過禪修的修持，我們可以學習完全真誠而充滿活力地活著，沒有欺瞞地活著。

我們的人生是一段永無止境的旅程；它如同一條寬廣的高速公路，無限延伸至遠方。修禪的法門提供了一台車輛來行駛在那條道路上。我們的旅程是由持續不斷的起伏升落、希望和恐懼所構成，但它是一段美好的旅程。修禪的法門讓我們體驗道路上所有的路況，而這就是這段旅程的目的。透過禪

修的修持，我們開始發現，在我們內心，對於任何事或任何人完全沒有根本的埋怨。

靜坐禪修是從坐在地上，採取盤腿的姿勢開始。你開始覺得，僅僅是活在當下此處，你的人生就可能變得實際可行，甚至精采美好。你發現，你可以像王座上的國王或王后。那種莊嚴如帝王的情境向你證明，尊嚴來自於寂靜和單純。

禪修姿勢——脊背挺直，自然莊嚴

在禪修之中，挺直的姿勢是非常重要的。背部挺直，不是刻意造作出來的姿勢。對於人體來說，背部挺直是自然的姿勢。當你彎腰垂頭的時候，那是不平常的。當你彎腰垂頭的時候，你無法正確地呼吸，而彎腰垂頭也是屈服於自我神經質的徵兆。因此，當你挺直地坐著，你正在向自己和全世界宣告，你即將成為一個勇士，一個完整的人類。

你不必把肩膀往後拉，把自己繃得緊緊的，才能讓背部挺直；當你單純卻堂皇地坐在地上，或坐在你的蒲團上的時候，背部自然而然地就會挺直。接著，因為你的背部是挺直的，你感覺不到一絲一毫的羞怯或難為情，因此你不會把頭低下來。你不向任何事物彎腰。因為如此，你的肩膀自然而然地保持平直，如此一來，你的頭部和肩膀便會產生一種舒適感。然後，你把雙腿自然地交盤在一起；你的膝蓋不一定要碰觸地面。最後，你把雙手輕輕地置於大腿之上，雙掌朝下，就完成了禪坐的坐姿。這提供一種採取了適當的姿位的

進一步感受。

在採取這樣的姿勢的時候，你不是隨意地東張西望。你感覺你在「那裡」是理所當然的；因此你的眼睛是張開的，但是你的視線卻稍微地往下，大約在你前方六英尺的位置。如此一來，你的目光就不會東飄西盪，你會擁有更深一層的慎重感和確定感。你可以從一些埃及和南美的雕塑，以及東方的雕像中，看到這種如王者般莊嚴的姿勢。它是一種普世的姿勢，不限於某一文化或一段時期。

在你的日常生活中，你也應該留意你的姿勢，你的頭部和肩膀、你走路的方式，以及你注視人們的方式。甚至當你不在禪修的時候，你可以保有一種充滿尊嚴的生命狀態。你可以超越你的困窘不安，為生而為人感到驕傲。這種驕傲是可以接受的，是美好的。

接著，當你採取了一個良好的姿勢從事靜坐禪修，你觀照你的呼吸。當你呼吸的時候，你完完全全地在那裡，真真正正地在那裡。你的注意力隨著你的呼氣一起「出去」，呼出的氣息消融了，接著吸氣的動作自然而然地發生。然後你再一次地呼氣。因此，你不斷地隨著呼氣「出去」。當你呼氣的時候，你消融了，你擴散了。然後你的吸氣自然地生起；你不必跟隨你吸氣的動作，你只要回到你的姿勢，準備好另一個呼氣。出息，並且消融：窣（tshoo）①；然後回到你的禪坐姿勢；「窣」，再回到你的姿勢。

貼上動念的標籤

接著,將會有不可避免的「乒」(bing)——念頭。在那個時候,你說:「動念。」。你不要大聲把它說出來;而是在心裡頭說:「動念。」把你的念頭貼上標籤,賦予你極大的平衡力量,讓你回到你的呼吸上頭。當一個念頭完全地把你帶離你正在做的事情——當你甚至沒有意識到你是坐在蒲團上,而你的心以為你是在舊金山或紐約市的時候——你說:「動念。」然後把你自己帶回到呼吸上頭。

你擁有什麼樣的念頭,其實無關緊要。在靜坐禪修的時候,不論你擁有的是醜惡的念頭或慈善的念頭,它們都僅僅被視為動念。它們既非良善,亦非邪惡。你或許有一個暗殺你的父親的念頭,或想要調製一杯檸檬水或吃一些餅乾。請不要被你的念頭給震懾住了:任何念頭只不過是動念罷了。沒有念頭值得獲頒一面金牌,或應該受到懲罰。只要把你的念頭貼上「動念」的標籤,然後回到你的呼吸上頭。「動念」,回到呼吸上頭;「動念」,回到呼吸上頭。

禪坐是非常精準的修持法門。它必須在當下,就在當下。它是相當困難的功課,但是如果你記住姿勢的重要性,你將能夠讓你的身體和心靈協調一致。如果你沒有良好的姿勢,那麼你的修持將如同一匹瘸腳的馬試圖拉動一輛貨車一般。它永遠行不通。因此,你首先要坐下來,確立姿勢,然後呼吸:「窣」,出去,回到你的姿勢;「窣」,回到你的姿勢。

當念頭生起的時候，你把它們貼上「動念」的標籤，然後回到你的姿勢，回到你的呼吸。你讓心靈和呼吸一起運作，但總是把身體當作一個參考點。你不是僅僅運用你的心靈。你是運用你的身心。當兩者一起運作的時候，你就永遠不會脫離實相。

身心一致，和平處世

理想的寧靜狀態，來自於體驗身體和心靈的同時一致。如果身體和心靈不協調，那麼你的身體將會委靡不振——而你的心靈將會在別處。它如同一只粗製濫造的鼓：鼓面和鼓架不相合，因此不是鼓架壞掉，就是鼓面破掉，而且鼓面無法維持不變的張力。當你的身體和心靈因為你的良好姿勢而協調一致的時候，你的呼吸便自然而然地發生；因為你的呼吸和你的姿勢一起運作，你的心靈便擁有一個可以回頭查看的參考點。因此，你的心靈將自然而然地隨著呼息出去。

這個協調身體和心靈的方法，是在訓練你去做一個非常單純的人，並且去感受你不是一個特別的人，而是一個平凡、非常平凡的人。你就那麼坐著，如同一個勇士，而從那之中，個人的尊嚴感生起了。你坐在地球上，你了解到這個地球是你所應得的，你是這個地球所應得的。你在那裡——完全地、親自地、真誠地在那裡。因此在香巴拉的傳統中，禪修是被用來教育人們去做一個坦率真誠的人，對自己誠實。

在某些方面，我們應該認為自己是身負重擔的：我們身負幫

助這個世界的重擔。我們不能忘記我們對他人有這樣的責任。但是如果我們把身上這副重擔視為一件愉快的事情，那麼我們就真的能夠解脫這個世界。而我們自身則是起始之道。從對自己開放，誠實面對自己，我們也能夠學習對其他人敞開心胸。如此，我們能夠以我們在自己內在所發現的美好良善為基礎，與世界共處。

因此，禪修被認為是克服世界上的衝突爭戰的良好方式，事實上是一個絕佳的方式：克服我們自己的衝突爭戰，以及更巨大的戰爭。

【譯註】
①窣（tshoo）：形容呼氣的聲音。長音。

透過修持靜坐，以及隨著你的呼吸的呼出和消融，你和你的心
產生了連結。藉著單純地接受自己，做你自己，你對自己產生
了眞正的同情心。

天、地、人——自然法則

想像你赤裸地坐在地上，裸露的屁股碰觸地面。由於你沒有
圍一條頭巾或戴一頂帽子，因此你也暴露於頭頂上的天空。
你處於天地之間：一個赤裸的男人或女人，坐在天地之間。

地面永遠是地面。地面將讓任何人坐於其上，永遠不會坍垮
撤退。地面絕不會離棄你——你不會從這個地面掉落，飛進
外太空。同樣的，天空永遠是天空；天空永遠是你上方的天
空。無論天空在降雪、下雨或陽光普照，無論它是白天或夜
晚，天空永遠都在那裡。就此而言，我們知道，天空和地面
是值得信賴的。

本初善的邏輯是非常相似的。當我們談到本初善的時候，我
們不是在說揚善棄惡。本初善是美好的，因為它是非造作的
或根本的。本初善已經在那裡了，如同天空和土地已經在那
裡了。我們不會排斥我們的大氣層。我們不會排斥太陽和月

亮、雲朵和天空。我們接受它們。我們接受天空是藍色的；我們接受風景和海洋。我們接受高速公路、建築和城市。本初善是那麼的基本，那麼的無條件、非造作。它不是一個「贊成」或「反對」的觀點，如同陽光沒有「贊成」或「反對」。

「贊成」或「反對」不是這個世界的自然法則和秩序。基本上，沒有什麼事情會威脅或發揚我們的觀點。四季不是應任何人的要求或投票表決而產生的。希望和恐懼無法改變季節。有日；有夜。在夜晚有黑暗，在白晝有光亮，沒有人必須去打開和關閉日夜的開關。有一個自然法則和秩序讓我們能夠活著，有一個自然法則和秩序基本上是美好的，為什麼美好，因為它就在那裡，因為它發揮作用，因為它有效能。

我們常常把宇宙中的這個自然法則和秩序視為理所當然，但是我們應該三思。我們應該欣賞和感激我們所擁有的。沒有這個自然法則和秩序，我們就會陷入一個全然的困境之中。如果我們沒有陽光，我們就不會擁有任何植物，我們就不會擁有任何作物，我們就無法煮一頓飯。所以，本初善是美好的，因為它是那麼的基本，那麼的重要。它是天生自然、不造作的，而且它發揮作用，所以它是美好的，而不代表是邪惡的相反。

相同的原則適用於我們身為人類的習氣（makeup）。我們具有貪愛、瞋恨和無明。換句話說，我們結交朋友，避開敵人，偶爾冷淡而漠不關心。那些習氣不被認為是短處。它們是人類天生的氣質和裝備的一部分。我們備有指甲和牙齒來

抵禦攻擊，我們備有一張嘴和一副生殖器來和他人發生關係，而且我們相當幸運，擁有完整的消化系統和呼吸系統，如此一來，我們能夠處理我們所吃進的食物，然後排泄出來。人類的存在是一個自然的情況，而且如同世界的法則和秩序，它是實際可行的，而且有效率的。事實上，它是精采美好的，它是理想的。

本初善，與生俱有

有些人或許會說，這個世界是一個神聖原則下之創作，但是香巴拉的教法卻和神聖的起源無關。勇士之道的重點在於，我們在當下親身處理我們所面臨的情境。從香巴拉的觀點來看，當我們說，人類基本上是美善的時候，我們指的是，人類具有每一個所需的身體機能，因此人類不必和所處的世界爭鬥。我們的存在是美好的，因為我們的存在不是侵略或抱怨的一個根本來源。我們不能抱怨我們擁有眼睛、耳朵、鼻子和嘴巴。我們不能重新設計我們的生理系統，就此而言，我們也不能重新設計我們的心靈狀態。本初善是我們所擁有的，是我們與生俱來的。本初善是打從我們出生以來，就承襲下來的自然情況。

我們應該覺得，活在這個世界上是美好的。看見紅色和黃色、藍色和綠色、紫色和黑色，是多麼的美好！所有這些顏色都被提供給我們。我們感覺冷與熱；我們品嘗酸與甜。我們擁有這些感覺，而它們是我們所應得的。它們是美好的。

因此，了悟本初善的第一個步驟，是去欣賞和感謝我們所擁有的事物。然而在此之後，我們應該更進一步、更精確地去檢視我們是什麼、我們所在何處、我們是誰、我們所在何時，以及我們如何身而為人，如此一來，我們便能夠擁有我們的本初善。實際上，本初善不是一種所有物，但它是我們應得的。

菩提心即覺醒的心

本初善和佛教傳統中的「菩提心」（bodhicitta）的概念，有非常緊密的關聯。「bodhi」意指「覺醒」或「醒覺的」，而「citta」意指「心」，因此菩提心是「覺醒的心」。這種覺醒的心來自願意面對你的心之狀態。願意面對心之狀態或許看起來是一個巨大的要求，但它是必要的。你應該檢視自己，並且問問自己，你曾經有多少次，試著徹底地、真誠地連結你的心。你曾經有多少次轉過身去，因為你害怕你會發現自己可怕不堪的一面？你曾經有多少次願意在鏡中檢視自己的臉龐，而不感到難為情？你曾經有多少次試著用讀報、看電視或只是昏沈無知的方式，來障蔽自己？這是一個至為關鍵的問題：在你的一生當中，你曾經有多少次面對自己？

如我們在前一章所討論的，靜坐禪修是一個重新發現本初善的方法，除此之外，它也是一個喚醒你內在這個純正真誠、不造作之心的方法。當你以禪修的姿勢坐著的時候，你事實上是我們之前所描述的，赤裸坐在天地之間的男人或女人。

當你垂頭彎腰的時候，你是在試圖隱藏你的心，並且用彎下身體的方式來保護、障蔽你的心。但是當你用挺直卻放鬆的禪修姿勢坐著的時候，你的心是赤裸裸、無掩飾的。你的整個生命被揭露出來——首先，它被揭露在你自己面前，以及他人面前。因此，透過修持靜坐，以及隨著呼吸的呼出和消融，你和心產生了連結。藉著單純地接受自己，做你自己，你對自己產生了真正的同情心。

敞開真心的溫柔

當你用這個方式喚醒你的心，你會驚訝地發現，你的心是空的。你會發現，你正望進外太空。你是什麼、你是誰、你的心在哪裡？如果你真的去檢視，你不會發現任何具有實體可觸的、堅固的事物。當然，如果你忌恨某一個人，或不可自拔地愛上一個人，你或許會發現某些「非常」堅實的事物。但是，那不是覺醒的心。如果你尋找覺醒的心，或把手伸進肋骨所構成的胸廓之中，要去感受覺醒的心，那麼那裡不會有任何事物，只有溫柔。你感覺心痛和軟弱，而如果你張開眼睛面對其餘的世界，你感覺無限巨大的悲傷。這種悲傷不是來自沒有受到善待。你不會因為某一個人羞辱你，或因為你感覺貧乏窮困，而感到悲傷。更確切地說，這種悲傷的覺受是非造作的 。這種悲傷的覺受之所以產生，是因為你的心完完全全地被揭露出來了。沒有皮膚或組織覆蓋在它上面；它是完全未經掩飾的生肉。甚至一隻小蚊子停在上面，你也會深受感動。你的覺受是新鮮的、溫柔的，是如此的個人。

眞心的悲傷來自你感覺你不存在的心是充實的。你想要讓你的心血溢湧出來，把你的心給予他人。對於勇士而言，這顆經驗悲傷和溫柔的心，是無畏無懼之母。一般而言，無所畏懼是指你不害怕，或如果有人打你，你會打回去。然而，我們所談論的，不是街頭鬥士那種層次的無畏無懼。眞正的無畏無懼，乃是溫柔的產物。它來自讓世界搔撥你的心，搔撥你未經雕琢的、美麗的心。你願意敞開你的心，沒有抗拒，沒有羞怯地面對世界。你願意把你的心和他人分享。

認清恐懼不是造成憂鬱或沮喪的一個原因。由於我們擁有這樣
的恐懼，我們也有權利去體驗無懼。眞正的無懼不是減少恐
懼，而是超越恐懼。

認清恐懼，體驗無懼

爲了去體驗無懼，去感受恐懼是必要的。怯懦的本質是沒有
認清恐懼的實相。恐懼有不同的形式。從邏輯上來看，我們
知道我們無法長生不死。我們知道我們正邁向死亡，因此我
們感到害怕。我們被我們的死亡給嚇呆了。另一層面，我們
害怕我們無法勝任世界對我們的要求。這種恐懼是以一種不
足感來展現。我們覺得，我們自己的生命已經令人無法招
架，而面對整個世界更是令人不知所措。因此，當陌生的情
況在我們的生活中突然發生的時候，突發的恐懼或驚惶生
起。當我們覺得自己無法處理的時候，我們驚慌失措。有時
候，恐懼以不安的形式顯現：心不在焉地在筆記本上亂塗亂
畫，玩弄我們的手指，或在椅子上坐立不安。我們覺得，我
們必須時時刻刻讓自己團團轉，如同一具在汽車內運轉的引
擎，活塞上上下下，上上下下。只要活塞持續運轉，我們就
覺得安全。否則，我們害怕我們可能會當場死去。

我們可以使用無數的策略，把恐懼從心中移除。有些人服用鎮定劑。有些人做瑜伽。有些人看電視或讀雜誌，或到酒吧去喝一杯啤酒。從懦夫的觀點來看，無聊是應該避免的，因為當我們無聊的時候，我們開始感到焦慮不安，我們越來越接近我們的恐懼：娛樂應該被提倡，任何死亡的念頭應該被避免。因此，怯懦佔據了我們的生活，彷彿死亡是未知的事物。在歷史上的一些時期，曾經有許多人尋找長生不死藥。如果真有這種長生不老藥，大多數的人將會發現它相當可怕。如果他們活在這個世界上一千年而不會死亡，那麼早在他們過一千歲生日之前，他們可能就已經自殺了。即使你能夠永遠活著，你也無法去避免死亡的實相，以及週遭的痛苦。

我們必須認清恐懼。我們必須了解我們的恐懼，並且和恐懼言歸於好。我們應該檢視我們行動的方式、我們說話的方式、我們為人處世的方式、我們咬指甲的方式，以及有時候我們徒勞無益地把手放進口袋的方式。然後，我們將發現，恐懼是如何以不安的形式呈現。我們必須面對一個事實：恐懼一直潛伏在我們生活中所做的每一件事情當中。

另一方面，認清恐懼不是造成憂鬱或沮喪的一個原因。由於我們擁有這樣的恐懼，我們也有潛力、有資格去體驗無懼。真正的無懼不是減少恐懼，而是超越恐懼。遺憾的是，在英語語文當中，我們沒有代表這種意義的字眼。「無畏無懼」（fearlessness）是最接近這個意義的名詞，但是「無畏無懼的」（fearless）不是指「較少的恐懼」，而是「超越恐懼」。

當我們檢視我們的恐懼時，我們就開始超越恐懼了：我們的焦慮、神經質、擔心和不安。如果我們探究我們的恐懼，如果我們檢視恐懼的表面之下，我們發現的第一個事物，即是在神經質之下的悲傷。神經質時時都在啓動、震顫 。當我們放慢腳步，當我們減緩我們的恐懼的時候，我們發現平靜、溫柔的悲傷。悲傷擊中你的心，你的身體釋出眼淚。在你哭泣之前，有一種感受在你的胸中，在此之後，你的眼睛產生淚水。淚水即將如雨或如瀑布般在你眼中湧現，你感到悲傷寂寞，同時或許又感到浪漫。那是無所畏懼的第一個暗示，眞正勇士的第一個徵兆。你或許會認爲，當你體驗了無畏無懼，你將會聽到貝多芬第五號交響曲的首樂章，或看到天空上出現大爆炸，但是它不會以這種方式發生。在香巴拉的傳統中，發現無畏無懼來自與人心的溫柔共處。

勇士的無畏自溫柔中誕生

勇士的誕生如同馴鹿初生之鹿角。剛開始，鹿角非常柔軟，幾乎如同橡膠，而且鹿角上面還覆有些許毛髮。就其本身而言，它們還不是角：它們只不過是半軟半硬、裡面有血液的生長物。然後，隨著馴鹿年歲的增長，鹿角越來越強壯堅硬，發展出四個或十個、甚或四十個茸角。在初始，無畏無懼如同那些橡膠般的鹿角。它們看起來像角，但是你還不能用它們來打鬥。當一頭馴鹿第一次長角的時候，牠們不知道鹿角的用途。牠一定會覺得，頭上長出這些軟軟的、隆起的東西非常笨拙。但是之後，馴鹿開始了解到，牠「應該」有

角，鹿角是作爲一頭馴鹿自然天生的一部分。同樣的，當一個人剛誕生出勇士的溫柔心的時候，他或她或許會感覺非常笨拙尷尬，或不確定要如何處理這種無畏無懼。但是之後，當你體驗到越來越多這種悲傷，你就會了悟，人類「應該」要溫柔和開放。因此，你不再需要爲了己身的溫柔，而感到羞怯或難爲情。事實上，你的溫柔開始變成熱情。你想要推己及人，與人們溝通。

當溫柔朝這種方向形成展開的時候，你就能夠眞正地欣賞週遭的世界。感官覺知變成非常有趣的事物。你已經如此溫柔開放，以至於你不由自主地把自己開放給所有在週遭發生的事物。當你看見紅色或綠色或黃色或黑色的時候，你打從心底對它們做出回應。當你看見一個人哭泣或歡笑或害怕的時候，你也對他們做出回應。到了那個時候，你初級的無所畏懼，正進一步發展成爲勇士之道。當你開始對做一個溫柔、和善的人感到自在的時候，你的馴鹿角不再只是覆有稀疏毛髮的鹿角——它們正成爲眞正的角。境況變得非常眞實、相當眞實，而且在另一方面，相當平凡。恐懼自然而然地發展成爲無所畏懼，非常簡單、相當直接明確。

勇士的典型是，勇士應該悲傷和溫柔，因爲如此，勇士也可以非常勇敢。沒有那種眞摯的悲傷，勇氣如同一只瓷杯般脆弱易碎。如果你把它掉落在地上，它會碎裂或缺角。但是，勇士的勇氣如同漆器杯，有著木質基底，外覆漆層。如果這個杯子掉落下來，它會彈跳，而非碎裂。它堅柔並具。

身體與心靈的同體一致不是一個概念，或某一個人爲了增進提升自我，所隨意想出來的技巧。更確切地說，它是如何做一個人，以及如何共同運用你的感覺、你的心靈和你的身體的一個基本原則。

身心一致，無疑無礙

本初善的展現，總是不離溫柔和善——不是薄弱無力、欠缺熱情、蜜奶安適般的溫柔，而是全心全意、活潑有生氣、頂天立地的溫柔。就此而言，溫柔來自體驗心中沒有疑慮，或肯定無疑。心中沒有疑慮或疑惑，與接受、信服一個哲學或概念的正確性無關。它不是指你要等到你對你的信仰毫無疑問之後，你皈依或服從某一個人所發起之宗教聖戰。我們所談論的，不是無疑的人變成傳播福音的鬥士，準備爲了他們的信仰而犧牲生命。沒有疑惑是指信任你的心，信任你自己。沒有疑惑是指，你已經和自己連結在一起，你已經體驗了身體與心靈的協調合一。當心靈和身體同體一致的時候，你沒有疑惑。

身體與心靈的同體一致不是一個概念，或某一個人爲了增進提升自我，所隨意想出來的技巧。更確切地說，它是如何做

一個人，以及如何共同運用你的感覺、你的心靈和你的身體的一個基本原則。我們可以把身體比做一台照相機，心靈則是照相機裡面的底片。問題在於，你如何能夠一起使用兩者。當照相機的光圈和快門的速度，根據底片的感光速率做了適當的調整之後，你就能夠拍出令人滿意、精準的相片，因為你已經協調了照相機和底片。同樣的，當身體和心靈適切協調之後，你就會擁有清晰的洞察力，心中沒有疑惑，沒有使你的舉措完全失當的戰慄、震驚和目光短淺的焦慮。

當身體和心靈不協調的時候，有時候你的心靈短、身體長，有時候你的心靈長、身體短。因此，有時候你甚至不確定要如何拿起一杯水。有時候，你把手伸得太遠，有時候，你的手伸得不夠遠，無法拿到你的水杯。當身體和心靈不協調的時候，如果你正在射箭，那麼你無法擊中標靶。如果你正在寫書法，那麼你甚至無法把毛筆伸進硯台蘸取墨汁，更別說提筆書寫了。

觀看與察看的不同層次

協調身體和心靈，也和我們如何和世界取得協調或聯繫、如何與世界共處共事有關。這個過程有兩個階段，我們可以稱這兩個階段為「觀看」和「察看」。我們也可以談論「聽聞」和「傾聽」，或觸摸和感受，但是用視覺認知來解釋這個協調的過程比較容易。觀看是你的第一個心理投射；如果你的心中有任何懷疑，那麼它可能就會含有戰慄或搖擺不定的成

分。你開始去觀看，然後你感到緊張不安或焦慮，因爲你不信任你所看見的事物。因此，有時候你想要把眼睛閉起來。你不想要再看下去了。然而，好好地、仔細地觀看是重點。去看顏色：白色、黑色、藍色、黃色、紅色、綠色、紫色。瞧，這是你的世界！你不能不看。沒有其他的世界。這是你的世界；這個世界是你的盛宴。你繼承了這個世界；你繼承了這雙眼珠；你繼承了多彩繽紛的世界。看看這整件事的偉大美妙之處。看！不要猶豫——看！打開你的眼睛。不要眨眼，去看、去看——去看得更遠一些。

然後，你可能會「察看」到一些事物；這是第二個階段。你觀看得越多，你越好奇，你就越非要去察看不可。你的觀看過程沒有受到約束限制，因爲你眞誠，你溫柔，你沒有什麼可以失去，你沒有什麼需要去爭鬥。你可以看得如此的多，你可以看得更深更遠，因此你可以看得如此精采出色，如此美麗。事實上，你可以感受到紅色的溫暖熱情、藍色的涼爽沈靜、黃色的豐富濃豔，以及綠色具有穿透力的特質——突然之間就可以感受。你欣賞你週遭的世界。這是一個新發現的、棒極了的世界。你想要探索整個宇宙。

超越語言地感知世界

有時候，當我們感知、理解世界的時候，我們沒有使用語言。我們使用一個先於語言的系統，自發性地感知世界 。但是有時候，當我們看世界的時候，我們首先想要賦予一個字

眼，然後再感知理解。換句話說，第一個情況是直接感覺或感受到天地宇宙；第二個情況是說服我們自己去領會我們的宇宙。因此，你超越語言來觀看和察看——這是第一手感知——或是自言自語，透過你的想法的過濾器來理解世界。每一個人都知道，直接感受事物是什麼樣子。強烈的情緒——貪愛、瞋恨和忌妒——不需要語言。在它們初次閃現的時候，它們就太強烈了。在初次閃現之後，你開始在心裡想著：「我恨你。」或「我愛你。」或你說：「我應該如此愛你嗎？」一場小小的對話在你的心中展開。

協調身體和心靈是超越語言地去直接觀看和察看領會。這不是因為輕蔑語言，而是因為你內心的對話變成下意識的閒話。你發展出你自己的詩歌和白日夢；你發展出你自己的咒罵；你開始在你和你自己、你的愛人和你的老師之間展開對話——全部在你的心裡。在另一方面，當你覺得你能夠放輕鬆，並且直接感知世界的時候，你的眼光擴大延伸了。你可以在當下覺醒地看。你的眼睛開始打開，張得越來越大，你看見世界是多采多姿的，是清新的，而且如此精確；每一個鮮明的角度都棒極了。

就此而言，協調身體與心靈的一致也和培養無畏無懼有所關聯。關於無所畏懼，我們不是指你願意跳下懸崖，或把光溜溜的手指放在一個熱騰騰的爐子上面。更確切地說，這裡的無所畏懼是指，能夠準確地回應現象世界。它純粹意味著，藉由你的感官覺知、你的心靈，以及你的視覺，來準確且完全直接地和現象世界互動。那種無畏的眼光也反映在你身

上：它影響你看待自己的方式。如果你從鏡中檢視自己：檢視你的頭髮、你的牙齒、你的鬍鬚、你的外套、你的襯衫、你的領帶、你的服裝、你的珍珠和耳環——你看到它們全都屬於那裡，而你也屬於那裡，如你自己。你開始了解到，你擁有一個絕對的權利來身處在這個宇宙、來做自己，而你也看到這個世界向你提供了基本的殷勤款待。你已經觀看了，已經察看領會了，你不必為了誕生在這個世界上而道歉。

這個發現是我們所謂的東方大日的初次閃現。當我們在此處談到「日」的時候，我們指的是人類尊嚴之日，人類力量之日。東方大日是一個上升之日，而非下落之日，因此它代表人類尊嚴的曙光或覺醒——人類勇士之道的勃興。協調身體與心靈的同體同時一致性，帶來東方大日之黎明。

第六章 | 東方大日之黎明

東方大日之道奠基於，了解到在這個世界上，有一個燦放明耀
光輝的自然來源——那是人類與生俱來的覺醒。

歡慶生命是東方大日的願景

東方大日的黎明是奠基在實際的體驗之上。它不是一個概
念。你了解到，你可以提振自己，你可以欣賞你身而為人的
存在。不論你是一個加油站的服務人員或一個國家元首，其
實都不重要。當你體驗了活著的美好，你就能夠尊重你的面
貌和本質。你不需要為了大量待付的帳單、要更換的尿布、
要烹煮的食物或要歸檔的文件而感到害怕卻步。基本上，縱
使有這些責任，你開始覺得，身為一個人，活著，不懼死亡
是值得的。

顯然地，死亡會降臨。你絕對無法避免死亡。無論你做什
麼，死亡都會發生。但是如果你帶著真實感活著，對生活懷
抱感謝，那麼你將留下你生命的尊嚴，讓你的親戚、朋友、
你的孩子欣賞感念。東方大日的願景是以慶祝生命為基礎。
東方大日相對於落日觀：落日即將下沈，消失於黑暗之中。
落日的憧憬，是以試圖避免死亡的概念，試圖拯救我們自己
免於死亡為基礎。落日的觀點是以恐懼為基礎。我們時時刻

刻害怕自己。我們覺得，我們其實無法抬頭挺胸。我們對我們自己、我們是誰、我們是什麼感到如此羞愧。我們對我們的工作、我們的財務狀況、我們父母的教養、我們的教育，以及我們的心理缺陷感到難為情。

另一方面，東方大日的願景是以欣賞自己、欣賞世界為基礎，因此它是一個非常溫和的途徑。因為我們欣賞世界，所以我們不會把世界弄得一團糟。我們照料我們的身體，照料我們的心靈，照料我們的世界。我們週遭的世界被認為是非常莊嚴神聖的，因此我們必須時時服務我們的世界，清淨我們的世界。落日觀則認為清洗打掃是佣人的工作。或者如果你請不起一個管家，你就自己清理，但認為清潔打掃是一件骯髒的事。享用一頓美味的餐點是好的，但是誰要來清洗碗盤？我們比較喜歡把這個差事留給其他人來做。

每一年，成千上萬噸的剩菜殘羹被丟棄。當人們到餐廳的時候，他們常常被奉上大盤大盤的食物，遠超過他們的食量，來滿足他們心靈的巨大慾望。光是看見大片的牛排、盛滿食物的餐盤，他們的心靈就被填滿了。然後，剩菜殘羹被丟進垃圾桶。所有那些食物都被浪費了，完全被浪費了。

落日觀，踐踏世界

那的確是一個落日的態度。你擁有一個巨大卻無法消化的願景，最後把絕大部分丟棄。這個願景甚至沒有一個回收剩菜殘羹的方案。每一件事物都淪落到垃圾場。難怪我們有處理

垃圾這樣的大問題。有些人甚至考慮要把我們的垃圾送往外太空：我們可以讓宇宙的其他區域處理我們的剩菜殘羹，而不去清理我們的地球。落日的態度是盡可能讓我們自己避免灰塵污物，如此一來，我們就眼不見為淨——我們除去任何令人不悅的事物。只要我們擁有一個愉悅滿意的情境，我們就忘了剩菜殘羹，或油膩膩的湯匙和餐盤。我們把清潔的工作留給其他人。

在落日的世界，那種態度製造了一個不公平的、壓制的社會階級制度：在這個社會中，有那些清除其他人的污物的人，以及那些以製造污物為樂的人。那些有錢的人可以繼續享受他們的食物，不理會剩菜殘羹。他們可以購買奢侈品，忽略現實實相。在這種處事的方式之下，你從未適當地去看待灰塵污物，也從未適當地去看待食物。每一件事物都被區隔分割，因此你從來無法完整地體驗事物。我們不只是談論食物；我們談論發生在落日世界的每一件事物：袋裝食物、套裝假期、各種的成套交易。在那個世界中，沒有體驗「無疑」的空間；沒有溫柔的空間；沒有完全地、適當地體驗實相的空間。

相對於落日觀，東方大日的願景是一種非常生態學的態度。東方大日之道的基礎在於，了解什麼是必要的，以及事物是如何自然有機地發生。因此就階級或階層而言，在東方大日的世界中，沒有強加於人的、獨斷專制的界限或區隔。東方大日的階級來自於把生命視為一個自然的過程，調和進入非設計造作的、存在於這個世界的階層與秩序；它奠基於了解

到，在這個世界上，有一個燦放明耀光輝的自然來源——那是人類與生俱來的覺醒。人類尊嚴之日可以被比做為跨越黑暗的太陽。當你擁有一個燦爛的太陽——視景的來源，太陽的光亮照進房子的每一扇窗戶，而太陽光的光輝驅使你打開所有的窗簾。在東方大日的世界中，階層類似一株開花的植物，朝著太陽的方向往上生長。落日世界的階級則類似一個把你壓平、限制你留在原地的覆蓋。在東方大日的願景中，即使是罪犯也可以被培養、被鼓勵去成長。在落日的觀點中，罪犯是無藥可救的，所以他們被關閉起來；他們沒有任何機會。他們是塵土污物的一部分，我們寧願眼不見為淨。但是在東方大日的願景中，沒有人是敗局已定、無藥可救的。我們不認為，我們必須限制任何人或任何事。我們總是願意給予事物一個茁壯盛放的機會。

回復本然清淨的狀態

東方大日願景的基礎，是了解世界從一開始就是清淨的。如果我們了解到，我們清理東西，只不過是把東西回復到它們自然的、原始的狀態，那麼清理東西就不是問題。這就好像你清洗你的牙齒一般。當你離開牙醫診所的時候，你的牙齒感覺是那麼棒。你覺得你彷彿擁有一套新的牙齒，但事實上，只不過是你的牙齒清潔了。你了解到，它們基本上是一口好牙。

就我們自己而言，清淨從說實話開始。我們必須毫不猶豫地

對自己誠實；我們之所以猶豫，乃是因為以為對自己誠實可能會令自己感到不快。當你回到家，如果你因為今天在辦公室不順氣而感到難受，你可以老實說實話：我覺得難過。如此，你就不會為了發洩苦惱而把客廳搞得一團亂。相反的，你可以開始放鬆；在你的家中，你可以真真誠誠。你可以沖個澡，換上乾淨舒爽的衣服，吃一些點心飲料。你可以換一雙鞋子，走到外面，在你的花園散步。之後，你會感覺舒服多了。事實上，當你真誠的時候，你可以對自己說實話，然後感覺神清氣爽。

在這個世界上，原始的純淨一直是有可能的，因為這個世界從一開始就是清淨的。髒污從未先於清淨。舉例來說，當你買了新毛巾，毛巾上面沒有任何髒污。之後，當你使用它們，它們變髒了。但是你還是能夠清洗它們，讓它們回復到最初的狀態。同樣的，我們整個身心的存在，以及我們所知道的世界——我們的天空、我們的土地、我們的房屋、我們擁有的每一件事物——在過去、在現在原本都是清淨的。但是後來我們用我們的煩惱染污了一切。儘管如此，從基本上而言，我們的存在是美好的，是可以被洗淨的。那即是我們所謂的本初善：清淨的基礎總是在那裡，等待我們去潔淨它。我們總是能夠回到那最初、最原始的基礎。那就是東方大日的邏輯。

怯懦之道，是把我們自己埋藏在一個繭之中；在那個繭之中，
我們不斷地重複我們的串習。當我們不斷地重製我們基本的行
為和思想模式的時候，我們就永遠不必破繭而出，呼吸新鮮的
空氣，或躍上清新的地面。

黑暗——一個熟悉的世界

在上一個章節中，我們談論到東方大日的黎明和開端。然
而，就一般而言，我們習慣落日世界的黑暗的程度，遠大過
我們習慣東方大日的光亮的程度。因此，處理、面對黑暗，
是我們的下一個主題。關於黑暗，我們指的是把自己封閉在
一個熟悉的世界中：在這個世界中，我們可以躲藏或呼呼大
睡。那彷彿我們想要重新進入母親的子宮，永遠地躲在裡
面，如此一來，我們就能夠避免被誕生。當我們害怕覺醒，
或害怕體驗自己的恐懼的時候，我們創造了一個繭，來防護
自己避開東方大日的願景。我們比較喜歡隱藏在我們個人的
叢林和洞穴之中。當我們用這種方式來把自己從這個世界隱
藏起來的時候，我們感到安心無慮。我們或許認為已經平息
了恐懼，但事實上，我們正在讓自己對恐懼麻木。我們用熟
悉的想法把自己團團圍住，如此一來，任何尖銳或令人痛苦

的事物就無法碰觸到我們。我們是那麼害怕自己的恐懼，以至於我們削鈍麻木了我們的心。

怯懦之道，是把我們自己埋藏在一個繭之中；在那個繭之中，我們不斷地重複我們的串習（habitual pattern）。當我們不斷地重製我們基本的行為和思想模式的時候，我們就永遠不必破繭而出，呼吸新鮮的空氣，或躍上清新的地面。相反地，我們把自己包裹在自己的黑暗環境之中；在那裡，我們自身的汗臭味是我們唯一的友伴。我們把這個潮濕的繭視為傳家寶或祖傳遺物，我們不想拋下那好壞參半的記憶。在繭中，沒有舞蹈、沒有行走、沒有呼吸，甚至沒有眨眼的動作。它是舒適且令人昏昏欲睡的：一個強烈濃郁的、非常熟悉的家。在繭的世界中，諸如春季大掃除這類的事情是從未聽聞的。我們覺得清掃太費力、太麻煩了。我們寧願回去睡大頭覺。

在繭之中，完全沒有「光明」的概念，直到我們體驗到某種對開放的渴望，以及對除了我們自己的汗味之外的事物的渴望。當我們開始檢視那令人感到舒適自在的黑暗——觀看它、嗅聞它、感覺它——我們發現，那黑暗像是幽閉恐懼症。因此，讓我們脫離繭之黑暗、朝向東方大日之光明的第一個衝動，即是渴望通風透氣。一旦我們開始感覺到新鮮空氣的可能性，我們了解到，我們的雙臂和雙腿被限制住了。我們想要伸展我們的雙臂和雙腿，並且行走、舞蹈，甚至跳躍。我們了解到，除了繭之外，還有別的選擇：我們發現，我們可以脫離那個埋伏陷阱。由於對新鮮空氣的渴望、對宜人微風的渴望，我們打開雙眼，開始尋找繭之外的環境。出

乎我們意料地，我們開始看見光亮，即使那光亮可能一開始朦朦朧朧。在那個時候，我們破繭而出。

然後我們了解到，我們一直隱藏在內的那個敗壞的繭，令人感到厭惡，我們想要把光源盡可能地開亮。事實上，我們不是在打開光源，我們只是把眼睛張得更大：持續地尋找最燦亮的光。因此，我們染上了某種狂熱：東方大日的狂熱。然而，我們應該一再地回顧反省繭之黑暗。為了激勵自己向前邁進，我們必須回頭去看一看，這個新境地和我們所來之處的絕大差異。

東方大日的特質在我們的存在之中

如果我們不回顧，那麼我們難以和落日的現實面相建立聯繫。你瞧，我們不能只是排斥繭的世界，即使它相當可怕且不必要。我們必須對我們自身的黑暗經驗，以及他人的黑暗經驗，生起真正的同情心。否則，我們在繭之外所展開的旅程，只會變成一個落日假期。沒有回顧的參考點，我們有可能在東方大日創造另一個新繭；如今，我們已經把黑暗拋在身後，我們覺得我們可以只在太陽底下做日光浴，躺在沙子上，讓自己昏沈茫然。

但是，當我們回頭看那個繭，看到在懦夫世界所發生的痛苦，便激勵我們在勇士的旅程上向前邁進。它不是一個在沙漠中行走，向前尋找地平線的旅程。更確切地說，它是一個在我們內在展開的旅程。因此，我們開始欣賞東方大日，而這個東方大日不是如天空的太陽一般存在於我們之外的某件

事物，而是在我們的頭、肩膀裡面，在我們的臉、我們的頭髮、我們的嘴唇、我們的胸膛裡面的東方大日。如果我們檢視我們的姿勢、我們的行為、我們的存在，我們會發現，東方大日的特質反映在我們生命的每一個面向之中。

這讓我們有一種身為一個真正的人的感受。在身體的、心理的、家庭的和精神心靈的方面，我們覺得我們可以用最圓滿的方式來過我們的生活。在我們的生活之中，開始有一種出自直覺的、健康完整的感受，彷彿我們手中握著一塊結實的金磚。它沈重飽滿，閃耀著金光。在此同時，我們感到在人類的存在裡有某種非常真實、非常豐沛的事物。出自那種感受，一種巨大的健康感可以被傳播給其他人。事實上，把健康傳播至我們的世界，是勇士之道的一個基本戒律。說到戒律，我們不是指從外界強加於我們身上，令人不悅或人工造作的事物。相反的，這個戒律是從我們自身的體驗自然有機地擴展出來的自然過程。當我們感到自己健康完整的時候，我們便不由自主地把那種健全投射到其他人身上。

關注、好奇、欣喜、感動

東方大日的願景讓我們對外在世界產生自然的關注和關心。一般而言，當某件超乎尋常的事情發生，讓你對那件事情「感興趣」的時候，「關注」就產生了。或者，感興趣和關注可能來自無趣乏味，因此你去尋找興趣來填補你的時間。當你感受到威脅的時候，也會產生關注。為了保護你自己，你

變得非常好奇和敏銳，如此一來，沒有什麼可怕糟糕的事情會發生。對於勇士而言，興趣關注是自發的，因為在他或她的人生中，已經有那麼多的健康與完整和諧。勇士覺得，這個世界本來就充滿興味：視覺的世界、情感的世界，以及他所擁有的任何世界。因此，興趣或好奇展現為純然的欣喜，柔軟而純然的欣喜。

通常，當你為了某件事而感到欣喜的時候，你變得遲鈍無感，沾沾自喜。你對自己說：「我真高興在這裡。」那其實只是自我認定。但是勇士的欣喜則帶有一點痛苦的成分，因為你對你的世界感到傷痛和真切。事實上，柔軟和悲傷，以及溫柔，可以產生一種關注和關心感。你是那麼的敏感、容易受傷，以至於你不可避免地被你的世界所觸動。那是一種可取之處，或一種安全預防措施，也因為如此，勇士絕對不會偏離正道，也絕對不會遲鈍無感。每當有興趣關注產生的時候，勇士也會回顧那悲傷，那柔軟，因而映射出更深的真誠，閃耀出更深的關心。

東方大日闡明了全勝勇士戒律之道

東方大日闡明了勇士戒律之道。它可以被比喻為旭日東升時，你所看見的光線。那光線朝你射來，彷彿提供你一條可以行走於上的道路。同樣的，東方大日創造了一種氛圍，可以讓你持續向前，隨時補充能量。你的整個人生持續不斷地向前，即使你可能在從事一些相當重複的事情，例如在一家

工廠或一個漢堡攤工作。無論你做的是什麼，每一個小時的每一分鐘都是一個嶄新的章節，一個嶄新的扉頁。一個勇士不需要彩色電視或電玩遊戲。一個勇士不需要去看漫畫書來娛樂自己或振奮自己。在勇士週遭運轉的世界是如實的；在那個世界中，娛樂消遣的問題不會生起。因此，東方大日提供了徹底善用你的人生的方法。然後你會發現，你不需要去要求一個建築師或一個裁縫重新設計你的世界。當你了解這一點的時候，更深的勇士之道的感受出現了：成爲一個眞正的勇士。

對於一個眞正的勇士而言，沒有戰爭。這是一個全勝者的概念。當你全勝的時候，就沒有什麼要去征服，沒有根本的問題或障礙要去克服。這種態度不是奠定在禁止壓制之上，尤其不是奠基在忽略負面的事物之上。而是，如果你回顧、追溯你的一生——你是誰、你是什麼，以及你爲什麼在這個世界上——如果你按部就班地回顧，你不會發現任何根本上的問題。

這不是要你說服自己去相信每一件事都沒有問題。相反的，如果你確實地去觀看，如果你把整個生命拆開來，加以檢視，你會發現你原本就是純正眞誠且良善的。事實上，你的整個生命是完善的，因此幾乎沒有任何容納錯誤、不幸的空間。當然，你不斷面臨挑戰，但是這種挑戰相當不同於落日感的挑戰：你的世界和你的問題被譴責。有時候，人們被東方大日的願景所震懾。當然，如果你不明瞭恐懼的本質，你就無法超越恐懼。但是一旦你明白了你的怯懦，一旦你了解絆腳石在哪裡，你就能夠攀爬過去——或許只要三步半，你就能攀越過去。

勇士所捨離的是在他的覺受中，任何成爲他自己與他人之間的
藩籬的事物。換句話說，「捨離」是讓你自己更容易親近、更
溫柔，以及對他人開放。

敏感的心，勇士的心

存在於我們生活中的恐懼，爲我們提供了跨越恐懼的踏腳
石。怯懦的另一面是勇敢。如果我們正確地跨越，我們就能
夠跨過從怯懦到勇敢的邊界。我們或許不會立刻發現勇氣。
相反的，我們會發現在我們的恐懼背後顫抖的溫柔。我們仍
然顫抖不安，但是我們有溫柔，而非迷惑昏亂。

如我們所討論過的，溫柔包含了悲傷的元素。它不是那種爲
自己感到難過或感到被剝奪的悲傷，而是充實盈滿的自然境
況。你感到如此充實而豐盈，彷彿你即將流下眼淚。你的雙
眼充滿了淚水，在你眨眼的那一刹那，淚水將從你的眼睛溢
出，滾落你的雙頰。爲了做一個優秀的勇士，一個人必須感
受到這種悲傷和溫柔的心。如果一個人沒有感受到孤寂和悲
傷，他完全無法成爲一名勇士。勇士對於現象界的每一個面
向都很敏感──色、味、聲、觸。他如同一個藝術家一般，
欣賞他的世界中的每一件事物。他的覺受是充分的，而且非

常生動逼眞。樹葉沙沙作響的聲音，以及雨水滴落在他的外套上的聲音都非常響亮。有時候，蝴蝶在他身邊振翅飛舞，幾乎讓他無法忍受，因爲他是如此的敏感。因爲他的敏感，勇士能夠進一步地養成他的戒律。他開始去學習到捨離的意義。

捨離──捨去自己與他人之間的藩籬

就一般的意義而言，「捨離」，或「出離」，常常和禁慾主義或苦行主義有所關聯。爲了了解生存的更崇高的意義，你捨離世俗的感官享樂，而去擁抱禁慾苦行的靈修生活。在香巴拉的背景脈絡之中，「捨離」是相當不同的。勇士所捨離的是在他的覺受中，任何成爲他自己與他人之間的藩籬的事物。換句話說，「捨離」是讓你自己更容易親近、更溫柔，以及對他人開放。任何把自己對他人開放的猶豫，都被去除了。爲了他人的緣故，你捨離了隱私。

當你開始感受到本初善屬於你的時候，捨離的需求就生起了。當然，你不能把本初善變成個人的財產。它是世界的法則與秩序，無法被個人擁有。它是一個更偉大的願景，比你個人的領域或計畫更加偉大。但是有時候，你試圖把本初善變成自己的一部分。你認爲，你可以拿一小撮本初善，把它留在你的口袋裡面。因此，隱私的概念開始悄悄地來到。這是你需要捨離的時候──捨離想要擁有本初善的誘惑。捨離一種侷限的態度、一種褊狹的態度，以及去接受一個更廣大的世界是必要的。

如果你驚懾於東方大日的願景，那麼「捨離」也是必要的。當你了解到，東方大日有多麼廣大浩瀚、有多麼美好時，有時候你會感到不知所措。你覺得，你需要一點點保護來遮擋它，你需要在你的頭上有一片屋頂，以及一天要飽餐三頓。你試著去構築一個小小的巢、一個小小的家，來控制或限制你所看到的事物。它看起來太浩瀚無垠了，因此你想要替東方大日拍攝一些相片來留念，而非直接凝視它的光亮。捨離的原則是，棄絕任何那種心胸狹窄的心態。

靜坐禪修，發展捨離

靜坐禪修提供了一個發展「捨離」的理想環境。在禪修之中，當你吐納調息的時候，你把任何生起的念頭視為你的思惟過程。你不執著於任何念頭；你不必去懲罰你的念頭，或讚美你的念頭。在靜坐禪修期間所產生的念頭，被視為自然的情況，但同時，它們不帶有任何憑據。禪修的基本定義是「擁有一個穩定的心」。在禪修之中，當你的念頭上升的時候，你不上升，當你的念頭落下的時候，你不落下；你只要觀察念頭的上升和落下。不論你的念頭是好或壞，令人感到興奮或無趣，是快樂的或悲慘的，你都讓它們如是存在。你不接受某些念頭，排斥另一些念頭。你擁有一個更大的空間感，含納任何可能生起的念頭。

換句話說，在禪修之中，你能夠體驗到一種存在感或一種生存感，而這種存在感或生存感包含了你的念頭，但卻不取決

於你的念頭，或受限於你的思惟過程。你體驗到你的念頭，把它們貼上「動念」的標籤，然後回到你的呼吸上頭，呼出、擴展延伸，然後消融於虛空之中。它非常簡單，但是卻相當深奧。你直接體驗你的世界，而且你不必去限制那種體驗。你可以完全地開放，沒有什麼要防衛的，也沒有什麼要恐懼的。如此一來，你便是在培養捨離個人領域和心胸狹窄。

在此同時，捨離確實牽涉了「辨別」。在開放的基本架構之中，有什麼應該避免排除，以及什麼應該培養接受的戒律。捨離的正面面向，所培養的是關愛他人。爲了去關愛他人，拒絕只關愛自己或拒絕自私自利的態度是必要的。一個自私自利的人，如同一隻無論走到哪裡，都把牠的家駄在背上的烏龜。然而有朝一日你必須離開你的家，去擁抱一個更大的世界。爲了能夠關愛他人，那是絕對必要的先決條件。

勇敢的跳躍，無所執著

爲了克服自私自利，勇敢是必要的。它就好像你穿上了游泳衣，站在跳水板上，面對著游泳池，你問自己：「現在要怎麼樣？」顯然的答案是：「跳下去。」那是勇敢。你或許會納悶，如果你往下跳，你會不會沈入水面傷了自己。你或許會。沒有安全的保證，但是它值得你跳下去，去看看會發生什麼事。尚未出師的勇士見習生必須跳下去。我們是如此習慣地去接受對我們有害的事物，去排斥對我們有益的事物。我們受到我們的繭、我們的自私自利的吸引，而且我們害怕

無私、害怕走出自我這個繭。因此，爲了克服我們捨離隱私的猶豫，爲了讓自己獻身於他人的福祉，某種跳躍是必要的。

在靜坐禪修之中，勇敢的方式、跳躍的方式是不去執著你的念頭，超越你的希望和恐懼，以及超越你的思惟過程的起起落落。你可以只讓自己如是存在，不執著於心持續製造出來的參考點。你不必去除你的念頭。念頭是自然的過程；它們不是問題；讓它們如是這般。但是，你要讓你自己跟著呼息出去，任其消融。看看會發生什麼事。當你用那種方式讓自己放下的時候，你對你的存在發展出信任，同時也信任你把自己開放給他人、推己及人的能力。你了解到，你足夠富有、擁有豐富的資源，可以無私地施予他人。你也發現，你極樂意那麼做。

然而，一旦你做了一個勇敢的跳躍之後，你可能會變得驕慢自大。你或許會對自己說：「瞧，我已經跳了。我是如此偉大，如此了不起！」但是，驕慢的勇士之道起不了作用。它無法利益他人。因此，捨離的戒律也牽涉了培養更深的溫柔，如此一來，你仍然非常柔軟開放，並且讓溫柔進入你的心。成就了眞正的捨離的勇士，是完全赤裸且毫無掩飾的，甚至沒有皮膚或皮層組織。他已經放棄穿上一套新的盔甲或長出一層厚皮，因此他的骨頭和骨髓是暴露於世界的。他沒有餘地也沒有慾望去操縱情勢。他能夠相當無畏無懼地去做自己。

大愛結合愛戀與孤寂

此時，勇士徹底捨離了他的舒適和隱私，但他反而發現自己更加孤獨。他如同一座位於湖心的孤島。偶爾渡輪和通勤者往返於湖岸和島嶼之間，但是所有的活動只表達了島嶼更深的孤寂或孤獨。雖然勇士的人生是奉獻於幫助他人，但是他了解到，他永遠無法完全地把自己的經驗覺受分享給他人。他充分完全的經驗覺受是屬於他自己的，他必須活他自己的真理。然而，他卻越來越熱愛這個世界。那種愛戀與孤寂的結合，讓勇士能夠持續伸出援手幫助他人。藉由捨離他的私密世界，勇士發現一個更大的宇宙，以及一顆越來越盈滿的破碎的心。這不是什麼需要覺得難過的事情：它是欣喜的一個起因；它正進入了勇士的世界。

> 勇士之道是一個持續不斷的旅程。做一個勇士,即是學習在生命的每一個時刻保持眞誠。

勇士之道的目標,即在於以最完整、最清新、最燦爛的形式來表達本初善。當你了解到,你並不擁有本初善,而你就是本初善本身的時候,這個目標是可能達成的。因此,訓練你自己做一名勇士,即是學習去安住在本初善之中,去安住在一個完全離戲、單純的狀態之中。在佛教傳統之中,那種存在狀態被稱之爲「無我」。對於香巴拉的教法而言,無我也是非常重要的。除非你已經體驗了無我,否則要做一名勇士是不可能的。沒有無我,你的心將充滿了你的自我、你的個人方案和計畫。你不但不關心他人,你反而被「自我膨脹」所佔據。形容一個人「自滿」的口語,即是指這種自大和錯誤的驕慢。

如上一個章節所討論的,「捨離」是克服自私自利的態度。捨離的結果是,你進入了勇士的世界。在這個世界中,你變得更加容易親近、更開放給他人,但也更加心碎和孤獨。你開始了解到,勇士之道是貫穿你的整個人生的一條道路或一條脈絡。它不只是一個當障礙生起或當你不快樂或憂鬱的時候,你所應用的技巧。勇士之道是一個持續不斷的旅程。做

一個勇士，即是學習在生命的每一個時刻保持真誠。那是勇士的戒律。

堅定不移的戒律如同太陽

不幸的是，「戒律」或紀律這個字有許多負面的隱含意義。戒律常常和懲罰、把專斷的規則和權威強加於人或控制扯上關係。然而在香巴拉的傳統中，戒律卻和如何變得全然地溫柔和純正真誠有所關聯。它和如何克服自私自利，以及如何提升你自己和他人的無我或本初善有所關聯。戒律教導你如何達成勇士之道的旅程。它指引你勇士的道路，以及教導你如何活在勇士的世界中。

勇士的戒律是堅定不移且無所不在的。因此，它如同太陽。無論太陽在何處升起，陽光皆照耀。太陽沒有決定只照耀一片土地，忽略另一片土地。陽光是無處不在的。同樣的，勇士的戒律不是有選擇性的。勇士從不忽略他的戒律或遺忘他的戒律。他的覺察和敏感，是不斷延伸擴大的。即使一個情況非常吃力或艱困，勇士絕不放棄。首先，他總是舉止得體，為人溫柔熱誠，而且他總是對身陷落日世界的有情眾生保持忠誠。勇士的職責是對他人生起熱誠和慈悲。他這麼做的時候，完全沒有一絲怠惰。他的戒律和虔誠奉獻之心是堅定不移的。

當勇士擁有堅定不移的戒律時，他欣喜地走上旅程，欣喜地與他人共處共事。在勇士的一生當中，充滿了欣喜。你為什

麼總是如此欣然快樂？因為你已經目睹了你的本初善，因為你已經沒有什麼要執著，因為你已經體驗了我們稍早討論的捨離。因此，你的身體和心靈不斷地協調一致，總是充滿喜悅。這個喜悅如同音樂，慶祝它自己的節奏和旋律。不管你個人生活的起起伏伏，這慶祝是持續不斷的。那即是喜悅無盡的意義。

智慧之箭，方便之弓

勇士的戒律的另一個面向是，它也包含了辨別智或辨別覺知，或方便智。因此，它如同一支弓與箭。箭是敏捷銳利且具有穿透力的，但是要推進或讓箭的鋒利發揮作用，你也需要一把弓。同樣的，勇士總是對週遭的世界感到好奇和關注，但是他也需要善巧的行動來應用他的智慧。當智慧之箭與善巧方便之弓結合之時，勇士就永遠不會被落日世界的誘惑所引誘。

在這裡，「引誘」是指任何會促發自我，並且反對無我和本初善的願景的事物。有許多引誘，有大的有小的。你可能會被一塊餅乾或一百萬美元引誘。有了箭之敏捷銳利，你可以清楚地看見落日，或任何正在發生的墮落舉措——坦白來說，你首先會在自己身上看到，然後在其餘的世界中看到。然而，為了要真正地避免誘惑，你需要那把弓：你需要用善巧的行動來駕馭你的洞察力。這弓與箭的原則是：學習去對不真誠說「不」，對淡漠或粗野說「不」，對缺乏覺醒說

「不」。爲了能夠適切地說「不」，你既需要弓，也需要箭。它必須用溫柔——也就是弓，以及敏捷銳利——也就是箭來完成。當兩者結合在一起，你會了解到，你能夠做出區別：你能夠分別沈迷放縱和欣賞感激之間的不同。你能夠看著世界，然後了解事物眞正運作的方式。接著，你能夠克服迷思；那是你自己的迷思，你無法說「不」的迷思——你無法對落日世界說「不」的迷思，或當你覺得自己陷入憂鬱或沈迷放縱的時候，你無法對自己說「不」的迷思。因此，弓與箭結合在一起，首先克服落日世界的誘惑。

信任現象世界的訊息

當你學會去克服誘惑之後，智慧之箭與行爲之弓會展現爲對你的世界的信任。這帶來了更深的好奇。你想要深入探究每一個情況，並且檢視它，如此一來，你就不會被僅僅依賴信仰而愚弄了自己。相反的，你想要透過你自己的智慧和能力，來自行發現實相。而所謂的信任感是，當你運用你的好奇心，當你探究一個情況的時候，你知道你會得到一個明確的回應。如果你採取行動去完成某一件事情，那麼你的行動將會有結果——無論是成功或失敗。當你射出你的箭的時候，它將擊中標靶或失了準頭。信任是明白將會有一個信息顯現出來。

當你信任那些信息，信任現象世界的反響的時候，世界開始像一家豐足的銀行或倉庫。你覺得，你正生活在一個富裕的

世界之中，一個信息永遠不會殆盡的世界。只有當你試圖去操縱一個情況來圖利自己或忽略一個情況的時候，問題才會出現。然後，你違反了你和現象世界之間的信任關係，於是倉庫枯竭耗盡。但是，你通常會先得到一個訊息：如果你太驕慢自大，你將會發現自己被天空壓下；如果你太膽怯，你將會發現自己被土地抬起。

一般來說，信任你的世界意指你期待被照顧或被拯救。你認為，世界將給予你所想要的事物──或至少你所期待的事物。但是身為一名勇士，你願意去冒險；你願意把自己暴露在現象世界之中，而且你相信現象世界將給你一個訊息，不論是成功的或失敗的。那些訊息既不被認為是懲罰，也不被認為是慶賀。你信任實相，而非信任成功。你開始了解到，當行為和智慧不遵從戒律或不協調一致的時候，你通常會失敗；當行為和智慧徹底結合的時候，你通常會成功。但是無論你的行為有什麼樣的結果，那結果都不是結果本身的終點。你總是能夠超越結果；它是一個更遠的旅程的種子。因此，持續向前邁進和持續慶祝你的旅程的觀念，來自於修持勇士弓與箭的戒律。

勇士戒律的最終面向是禪定智或禪定覺知。這個戒律的原則，和如何在勇士的世界中佔有一席之地有關。戒律的堅定之陽（unwavering sun of discipline）提供了一條精進和喜悅的道路，讓你達成你的旅程，而弓與箭的原則，則提供了一個克服誘惑，以及深入現象世界龐大資源庫的武器。然而，除非勇士在他的世界中擁有一個穩固的位置或存在感，否則這

些都無法自行實現。禪定智讓勇士能夠正確地安座。它教導勇士，當他失去平衡的時候，如何重新取得平衡，以及如何運用現象世界的訊息來增進他的戒律，而不是被反饋的訊息弄得心思散亂或不知所措。

禪定智——勇士世界的回聲

禪定智可以比喻為一直出現在勇士世界的回聲。在靜坐禪修之中，回聲首次被體驗到。當你在禪修，你的念頭四處遊蕩，或你「迷失在念頭」之中的時候，你的覺察的回聲提醒你把念頭貼上標籤，並且回到呼吸上頭，回到存在感上頭。同樣的，當勇士因為怠惰或沈溺於落日的心態而開始忘失戒律的時候，他的覺察如同反響的回聲。

剛開始，那回聲或許非常微弱，但是後來它變得越來越響亮。勇士不斷地提醒自己，他必須活在當下此處，因為他選擇活在一個世界，這個世界並不給予他落日觀所謂休養生息的概念。有時候你可能會覺得，落日世界是一個極大的慰藉。在那裡，你不必太勤奮，你可以噗味地放下和遺忘你的回聲。但是之後，你或許會發現，回歸回聲令人精神為之一振，因為落日世界太死氣沈沈了。那裡甚至沒有一個回聲。

從禪定智的回聲，你發展出一種平衡感，使你能夠進一步掌控你的世界。你覺得你騎乘在馬鞍上，騎乘在心的無常之馬上。即使在你座下的馬匹會移動，你仍然能夠穩坐在你的鞍座之上。只要你在馬鞍上有良好的姿勢，你可以克服任何令

人吃驚或出乎意料的移動。每當你因為坐姿不良而滑動時，你只要重新回到良好的騎乘姿勢；你不會落馬。在失去覺察的過程當中，你因為失去它的過程而重新獲得它。而在本質上，滑動修正滑動本身。它自然而然地發生。你開始覺得你的技巧高度嫻熟，訓練有素。

信任本初善，不需見證

勇士的覺察不是以最終的妄想偏執狂的訓練為基礎。它是奠基在最堅固的訓練之上——信任本初善。那不代表你必須沈重或枯燥乏味，而是你擁有一種穩固的紮根感或確立感。你擁有信任，你擁有常時的喜悅；因此你不會受到驚嚇。在這個層次，突如其來的興奮，或對情境所產生的誇張反應不需要發生。你屬於勇士的世界。當小事情發生的時候——好或壞，對或錯——你不誇大它們。你不斷返回到你的馬鞍和你的姿勢。勇士絕不會感到驚愕。如果某一個人上前來對你說：「我現在要殺了你。」或「我有一百萬美元的禮物要送給你。」你不會感到驚訝。你只是端然安坐在馬鞍上。

禪定智的原則也讓你在這個世界上擁有一個良好的基位。當你在地球上恰如其分地安座的時候，你不需要見證人來確認你的正當性。在關於佛陀的傳統故事中，當佛陀獲致覺醒的時候，某一個人問他：「我們怎麼知道你已經覺醒了？」他說：「大地是我的見證。」佛陀用他的手碰觸地面；此即「觸地印」。你安坐在馬鞍上，也是相同的概念。你徹底地建

覺悟
勇士

立於實相之上。某一個人或許會說：「我怎麼知道你不是對情況反應過度？」你可以簡單地說：「我在馬鞍上的姿勢不言自明。」

在這個時候，你開始體驗到無所畏懼的基本見解。無論你眼前發生了什麼樣的情況，你都願意保持覺醒，你覺得你能夠完全掌控你的人生，因為你既不擁護成功，也不擁護失敗。成功和失敗都是你的旅程。當然，在無畏無懼的情境之中，你可能仍然感到恐懼。在你的旅程當中，你或許有幾次是如此的驚呆，以至於你在馬鞍上顫抖不已：從你的牙齒、你的雙手到你的雙腿。你幾乎無法坐在馬上——事實上你是帶著恐懼飄浮在空中。但是，如果你和你的本初善的土壤之間擁有基本的聯繫，那麼即使是那樣，也被認為是無畏無懼的一種表現。

當你依照本初善來過你的生活的時候，你發展出自然的優雅。你的生活可以是廣闊且輕鬆的，而不必懶散草率。事實上，你可以放下身為一個人的憂鬱和難堪，你可以興高采烈。

平衡感來自與天地為友

修持勇士戒律的結果是，你學會止息你的野心和輕浮，並且從中發展出良好的平衡感。平衡不是來自於執著一個情境，而是來自於與天地為友。大地是重力或實際。天空是願景或開放空間的體驗，在天空之中，你可以提升你的姿勢、你的頭顱和肩膀。平衡來自結合實際與願景，或者我們可以說，結合技巧與自發性。

首先，你必須信任自己。接著，你也可以信任大地或一個情況的重力感，而且因為如此，你可以提振自己。在那個時候，你的戒律成為令人欣喜的事物，而非一個嚴峻考驗或巨大的要求。當你騎乘在一匹馬上的時候，平衡不是來自把雙腿僵硬地夾靠在馬鞍旁邊，而是來自學習去順應馬匹的移動而隨之浮動。每一個步伐即是一個舞蹈，是騎士之舞，也是座騎之舞。

當戒律開始變成自然，變成你的一部分的時候，學習去放下是非常重要的。對於勇士而言，為了體驗自由，放下與在戒律之中放鬆有關。在此，自由不是指狂野或草率，而是把自己放下，來充分地體驗你身而為人的存在。放下完全征服了這樣的概念：所謂戒律，是犯了一個錯誤，或從事不當行為或想要從事不當行為的懲罰。你必須徹底克服這樣的感覺：你的人類本質有某些根本的錯誤，因此，你需要戒律來糾正你的行為。只要你覺得，戒律是來自於外在，那麼你覺得自己有所缺乏的感覺仍然揮之不去。因此，放下和放下你對於自己的任何懷疑、猶豫、或難為情有所關聯。為了充分了解戒律只是你的本初善的展現，你必須放鬆自己。你必須欣賞自己，尊重自己，並且放下你的懷疑和難堪，如此一來，為了利益其他眾生，你就能夠宣告你的良善和基本的清明。

放下──不是激進或驕慢，亦非模仿

為了放下，你首先必須修持捨離的戒律，以及我們在前一個章節所討論的戒律的各種面向。這是必要的，如此你就不會把放下和激進或驕慢混為一談。沒有正確且適當的訓練，放下可能會被混淆為把自己逼向一個臨界點，來向自己證明你是一個勇敢無懼的人。這太激進了。放下也和抬高你的自我，把自己的錯誤觀點投射給他人，把快樂建築在別人的損失和痛苦之上無關。不論如何，那種驕慢不是真正地以放下為基礎。它是建立在對自己的基本不安全感之上；這種不安全感讓你麻木不仁，而非寬厚溫柔。

舉例來說，一個職業車手基於訓練的緣故，能夠在賽車跑道上，以每小時兩百英里的速度賽車。他知道引擎、轉向和輪胎的極限；他知道車子的重量、路況，以及天氣狀況。因此，他可以快速駕駛，而不會把駕駛變成自殺。相反的，駕駛變成了舞蹈。但是，如果你在和戒律建立適當的連結之前，就嘗試放下，那麼它會相當危險。如你正在學習滑雪，試圖在訓練的初期階段放下和放鬆，那麼你可能很容易發生骨折。因此，若你僅僅是模仿放下，你可能會碰到麻煩。

基於這樣的討論，你可能會認為，你永遠不會有足夠的訓練，在你的戒律之中放下和放鬆。你或許會覺得，你永遠不會準備就緒，成為一個勇敢的人。然而，一旦你和戒律建立基本的聯繫，那就是放下那些疑慮的時候了。如果你在等待你的戒律變得完美無瑕，那麼除非你放下，否則那個時候永遠不會到來。當你開始享受勇士之道的戒律的時候，當你開始感覺戒律是自然而然的，即使你覺得戒律仍然不是非常完美，那也是放下的時機了。

放下建立於與環境協調一致的放鬆之上

顯然的，放下不只是放鬆而已。放下是建立在與環境、與世界協調一致的放鬆之上。放下的重要原則之一是，生活在挑戰之中。但是這不意謂著生活在常時的危機之中。舉例來說，假設你的銀行打電話給你，並且說你的帳戶透支，在同一天，你的房東告訴你，你因為沒有付房租，所以得搬出

去。為了因應這個危機，你打電話給所有的朋友，去看看你是否能夠借到足夠的金錢來避免這個危機。生活在挑戰之中，不是指因應由於你忽略了生活的細節，而為自己製造出來的超乎尋常的需求。對勇士來說，每一時刻都是去做一個真誠的人的挑戰，而每一個挑戰都是令人欣喜的。當你能夠適當地放下的時候，你就能夠放鬆，並且享受挑戰。

落日觀的放下是去度假，或者去喝個爛醉，變得荒唐輕率，做一些無法無天的事情，而這些事情，在你「正常健全」的心智之中，是從來沒有想過的。顯然地，香巴拉對「放下」的了解相當不同。對於勇士而言，放下不是建立在逃脫日常生活的限制之上。 相反的，因為你了解到，你的人生包含了各種方法，可以無條件地讓你振奮高興起來，治癒你的憂鬱和疑慮，因此放下讓你更深入你的生活。

落日觀對於欣喜的理解是說服自己覺得好過一點，而非真正地高興起來。當你在早晨醒來，起身下床之後，你走進浴室，看著鏡中的自己。你的頭髮有一點凌亂，你半睡半醒，你的眼睛底下有眼袋。在落日的世界中，你嘆一大口氣，對自己說：「又要過一天了。」你覺得，你必須替自己轉上發條，你才能度過這一天。另外一種例子是，在美國大使館挾持人質的伊朗革命份子在早晨醒來的時候，可能感到高興：「太棒了！我們手上有人質！」那是落日觀的所謂歡樂。

欣喜不是建立在造作的意志力，或為了讓你自己感覺更有存在感，而去製造一個敵人並征服他。人類擁有本初善，而這

個本初善已經存在於人類內在，而不是在隔壁。當你看著鏡中的自己，你可以欣賞你所看到的事物，而不必去擔心你所看到的事物是否應該如此。如果你放鬆自己，你就能夠了解到本初善的可能性，讓自己高興起來：起身下床，走進浴室，沖一個澡，吃早餐——你可以欣賞你所做的每一件事情，而不總是去擔心它是否符合你的戒律或當天的計畫。你可以對自己擁有那麼多的信任，比起你不斷擔心，試圖去查看自己的表現，這種信任將讓你能夠更加徹底地修持戒律。

你可以欣賞你的人生，即使你的人生不完美。或許你的公寓毀損了，你的家具老舊廉價。你不必住在一座宮殿裡面。無論你身在何處，你都能夠放鬆，並且放下。無論你身在何處，那個處所就是一座宮殿。如果你搬進一間髒亂的公寓，你可以花一些時間來清理；這麼做不是因為灰塵髒污讓你感到不悅或心情沈重，而是因為你的感覺是美好的。如果你花一些時間來清掃，然後好好地搬進去，你可以把一間骯髒破舊的公寓，轉化成為一個宜人的家。

人類的尊嚴，不是建立在金錢財富之上。富裕的人或許會花一大筆金錢，讓他們的家宅豪華舒適，但他們是在創造人工的奢侈。尊嚴來自於運用你與生俱來的人類資源，赤手空拳——在當下，適切地，而且優美地。你可以辦到：即使在屋漏偏逢連夜雨、最糟糕的情況下，你仍然能夠讓你的人生精采優雅。

身體是本初善的延伸

你的身體是本初善的延伸。身體是你所擁有的、用來展現本初善的最親密的器具，因此欣賞你的身體是非常重要的。你吃的食物，你飲的汁液，你穿的衣服，以及適量的運動，都是重要的。你不必每天去慢跑或做伏地挺身，但是採取一個關心身體的態度是重要的。即使你的身體殘障，你也不必覺得你受到身體的禁錮。你仍然能夠尊重你的身體和你的人生。你的尊嚴超越你的殘障。以天地之名，你能夠如同和自己做愛般摯愛自己。

香巴拉的願景不只是一種哲學。事實上，它正在訓練你自己成為一名勇士。你是在學習去更加善待自己，如此一來，你就能夠協助建立一個覺醒的社會。在那個過程之中，自我尊重是非常重要的，而且它是美好的，絕對了不起的。你或許沒有錢去買昂貴的衣物，但是你不必覺得你的經濟問題正把你逼進落日世界的抑鬱之中。你仍然能夠展現尊嚴和善性。你或許身穿牛仔褲和T恤，但是你可以做一個穿著T恤、剪短的牛仔褲、有尊嚴的人。當你不尊重自己、不尊重你的衣著的時候，問題就出現了。如果你鬱鬱寡歡地上床，把你的衣服丟在地板上，那就是一個問題。

基本的重點是，當你依照本初善來過你的生活的時候，你發展出自然的優雅。你的生活可以是廣闊且輕鬆的，而不必懶散草率。事實上，你可以放下身為一個人的憂鬱和難堪，你

可以興高采烈。你不必為了你的問題而怪罪世界。你可以放鬆，並且欣賞世界。

言語真實溫柔——本初善之質

之後，有一個更深階段的放下，那就是說實話。當你對自己存有疑惑，或者懷疑你的世界的可靠度的時候，那麼你可能會覺得，為了要保護自己，你必須竄改真相。舉例來說，當你求職面試的時候，你可能不會對你未來的雇主完全地坦誠。你或許會覺得，你必須竄改真相來謀得一職。你認為必須讓自己表現得比本來的樣子更好。從香巴拉的觀點來看，誠實是上上策。然而，說實話不表示你必須把內心深處的祕密揭露出來，把你感到羞恥的每一件事情赤裸裸地呈現。你沒有什麼要感到羞恥的！那是說實話的基礎。你或許不是世界上最偉大的學者、機械工、藝術家或情人，但你的本質是純正真誠的、具有本初善的。如果你真的覺得如此，那麼你就可以放下猶豫和害羞，說實話，而不誇大或貶損。

然後，你開始了解到，與其他人開誠佈公地溝通的重要性。如果你對其他人說實話，他們也會對你坦誠——或許不是立即的，但是你正在給予他們誠實表達自己的機會。當你不表明你的感受的時候，你為自己製造了困惑，也為他人帶來了困惑。避免說實話，扼殺了用語言來溝通的目的。

說實話也和溫柔有所關聯。一個香巴拉人說起話來輕柔溫和：他或她不會咆哮。溫柔的言語展現了你的尊嚴，顯示你

有頭腦有擔當。如果一個有頭腦有擔當的人開始咆哮，將會非常奇怪。那將會非常的不一致。當你（自己說英文）對一個不懂英語的人說話的時候，你常常會發現自己扯開嗓門說話——彷彿你必須大吼大叫，才能夠讓對方了解。那正是不應該發生的事情。如果你想要和其他人溝通，你不必大聲嚷嚷、猛敲桌子，來讓他們聽你說話。如果你說的是實話，那麼你可以溫柔地說，而且你的言語將具有力量。

意念無欺——經禪修瞥見智慧

放下的最後一個階段是不欺騙。在這裡，欺騙不是指故意誤導他人。而是指，你的自我欺騙、你自己的猶豫和自我懷疑，可能會讓其他人感到困惑，或者事實上欺騙了他們。你或許會請求某一個人來幫你做決定：「我該不該請這個人嫁給我？」「我該不該對誰抱怨某人無禮對待我？」「我該不該接受這個工作？」「我該不該去度假？」如果你的問題不是真的要尋求協助，而只是反映你缺乏自信，那麼你就是在欺騙他人。其實，不欺騙是說實話的進一步延伸：它以對自己誠實為基礎。當你對自己的存在具有信任感的時候，那麼你和他人的溝通將是真誠的，而且值得信賴。

自我欺騙的產生，常常是因為你害怕自己的智慧，擔心你無法適當地處理你的人生。你無法去承認你與生俱來的智慧。相反的，你把智慧視為某種外在不朽的事物。那種態度必須克服。為了不欺騙，你唯一能夠仰賴的參考點，即是認識本

初善已經存在於你的內在。在禪修的過程中，你可以體驗到那種認識的確定性。在禪修之中，你可以體驗到一種沒有第二念、離於恐懼和疑惑的心靈狀態。那種堅定不移的心靈狀態，不會被念頭和煩惱的短暫起伏而動搖。剛開始，你可能只會瞥見那種狀態。透過禪修，你瞥見了非造作的本初善的閃光，或「那一點」。當你體驗了那一點，你或許不會覺得完全的自由或完全的美好，但是你了解到，那覺醒、那基本的美好良善已經在那裡了。你可以放下猶豫，因此你可以不欺騙。你的人生有一種提振的特質，而這種特質毫不費力地就已經存在了。放下的結果是，你接觸到那種提振的能量，讓你能夠完全地結合戒律和欣喜，如此一來，戒律變得輕而易舉又燦爛光輝。

本初善的能量——風馬

每一個人在他們的人生中，都曾經體驗如風的能量或力量。舉例來說，當運動員在從事運動的時候，他們感受到一股奔騰而來的能量。或者，當一個人被另一個人深深吸引的時候，他或她可能會感受到一股愛或激情的狂潮。有時候，我們感受能量是一陣欣喜而涼爽的微風，而不是一陣強風。舉例來說，當你熱得汗流浹背的時候，如果你去沖一個澡，你會覺得如此涼爽宜人，同時又精力充沛。

一般來說，我們認為，這種能量來自一個確切的來源，或者擁有一個特定的原因。我們把這種能量和一個情境聯想在一

起；在這個情境之中，我們變得如此精力充沛。運動員可能會因為他們所體驗的「奔騰」感受，而醉心於他們所從事的運動。有些人沈迷於一再地陷入愛河，因為當他們戀愛的時候，他們感覺如此美好，而且生氣勃勃。放下的結果是，你發現了大量的、總是唾手可得的、自生的能量——超越任何的情境。事實上，這種能量無所從來，但是它一直都在那裡。它是本初善的能量。

在香巴拉的教法之中，這種自生的能量被稱為「風馬」。「風」的原理是，本初善的能量是強大的、豐沛的，以及明亮的。事實上，它可以在你的人生當中，散發出巨大的力量。但在同時，本初善是可以被騎乘的，此即「馬」的原理。藉由遵循勇士之道的戒律，特別是放下的戒律，你可以駕馭良善之風。就某種意義來說，馬是永遠不會被馴服的——本初善永遠不會變成你個人的財產。但是在你的人生中，你可以喚起和激起本初善的提振能量。你開始了解到，你如何能夠在當下，徹底而理想地為你自己和其他人創造本初善，不只是在哲理的層次，也在一個實在且具體的層次。當你接觸到風馬的能量的時候，你可以自然而然地放下對自己的心靈狀態的憂慮，而且你也能夠開始為他人著想。你感受到一種渴望，想要和你的兄弟姐妹、你的父母、各個朋友分享你所發現的良善，讓他們也能夠從本初善的訊息中獲益。因此，發現風馬是先認識你本具的本初善的力量，然後無畏無懼地把那種心靈狀態投射給其他人。

體驗世界的向上提升，是一個快樂的情境，但是它也帶來悲

傷。如同陷入愛河。當你戀愛的時候，和你的愛人廝守在一起，既令人感到愉快，也令人感到非常痛苦。你同時感受了喜悅與哀傷。那不是一個問題；事實上，它是美好的，它是理想的人類情感。體驗風馬的勇士，從他所從事的每一件事情當中，感受到愛的喜悅和悲傷。他同時感受到冷與熱，酸與甜。不論事情順遂或違逆，不論成功或失敗，他同時感受到悲傷與喜悅。

光耀莊嚴之信心

在那種情況下，勇士開始了解到非造作的信心的意義。在藏文之中，信心是「日吉」（ziji）。「日」意指「光輝」或「閃耀」，而「吉」意指「壯麗」或「尊嚴」，有時候也有「巨大」的意思。因此，「日吉」代表了光耀、歡欣，同時又保有尊嚴。

有時候，信心是指在一個毫無選擇的狀態下，你信任自己，並且運用你的積蓄、資訊、力量、好記性、堅決心，然後你驅策自己，告訴自己你辦得到。那是青澀的勇士之道。在這種情況下，信心不是指你對某件事情具有信心，而是安住在自信的狀態之中，離於競爭或勝人一籌的伎倆。這是一個不造作的狀態；在這種狀態中，你僅擁有一個堅定不移、不需要參考點的心靈狀態。在那種狀態之中，沒有疑惑的空間，甚至連懷疑這個問題都不會產生。這種信心包含了溫柔，因為恐懼的意念不會生起；包含了堅強剛毅，因為在信心的狀

態之中，擁有不斷存在的資源；包含了喜悅，因爲信任你的心，帶來了更大的幽默感。在一個人的生命當中，這種信心可以化現爲莊嚴、優雅和富足。如何在你的人生當中實現這些品質，是本書第二部的主題。

第二部
神聖：勇士的世界

那畏懼之心
應該被放在慈悲的搖籃
吸吮永恆無疑之深徹光燦的乳汁。
在無畏無懼的涼蔭之中，
用喜悅與安樂之扇來替它搧涼。
當它漸漸長大，
用現象的各種展現，
帶領它前往自生的遊樂園。

當它漸漸長大，

爲了提升本初之信心，

帶領它前往勇士的射箭場。

當它漸漸長大，

爲了喚醒本初之自性，

讓它看見擁有美麗與尊嚴的人類社會。

然後無懼的心

能夠轉變成爲勇士的心，

而那永遠朝氣蓬勃的信心

能夠擴展至沒有起始與結束的盧空之中。

那個時候，它見到了東方大日。

我們需要去尋找，我們的傳統和目前的生活經驗之間的連結。
當下，或此時此刻的神奇力量，即是結合過去的智慧與當下此
刻。

從你出生的那一刻，當你在母親的子宮外面，發出第一聲哭
聲和呼吸第一口空氣的時候，你就是一個獨立的個體了。當
然，仍然有情感的執著或一條情感的臍帶，把你和你的父母
連結在一起，但是當你日益成長，隨著歲月的消逝，你通過
了嬰兒時期，進入青少年和成年，你的執著減少了。你成為
一個獨立於父母之外，能夠自行運作的個體。

在人生的旅程當中，人類必須克服為人子女的焦慮執著。我
們在第一部所討論的勇士之道的原則，和人們如何發展出個
人的戒律有所關聯，如此一來，他們變得成熟、獨立，進而
體驗了個人的自由感。但是，一旦個人的戒律發展之後，分
享人類社會的友誼也同等重要。這是勇士之道更大願景有機
的展現。它是以欣賞一個更大的世界為基礎。在成為一個勇
士的過程中，你自然而然地開始去感受到人類之間深刻的同
盟情誼。那是協助他人的真實基礎。從究竟的觀點來看，它
也是為社會帶來真正貢獻的真實基礎。

重視家庭，造福社會

然而，你和其他人的連結，以及你對他們的福祉的關注，必須親身且實際地展現。抽象地關懷他人是不夠的。開始和他人分享、造福他人的最實際和立即的方式，即是從齊家開始，然後從家庭向外延伸。因此在成為一個勇士的過程當中，一個重要的步驟是成為一個重視家庭的人，一個尊重他或她每天的家庭生活、致力提升家庭生活的人。

你不能純粹以你對國家或世界的願景為基礎，來協助社會。人們對於如何組織一個社會，有許許多多意見和想法，來實現和滿足人們的需求。當然，在這之中，有民主，也就是由人民來統治的普及想法。另一個想法是，由一群精英來統治，將產生一個循序漸進的社會。第三個構想是，採取一個科學的方法來統治；在這種社會之中，自然資源被平等地分配，一個完全均衡的生態被創造出來。這些構想及其他構想或許具有價值，但是它們都必須和個人的家庭生活經驗合而為一。否則，在你的偉大社會願景和日常生活的現實之間，將出現巨大的鴻溝。舉一個家庭生活的範例：一個男人和女人相遇，他們相愛並結為連理，建立一個家庭，他們或許會生兒育女。然後，他們必須去擔心洗碗機能不能用，或者是否有錢去買一個新的爐子。當孩子長大了，他們到學校去學習讀書寫字。有些孩子或許和父母之間擁有理想的親子關係，但是他們的家庭卻有金錢的問題。或有家庭非常富裕，

但是家人之間的關係卻非常困難。我們在這些問題之間徘徊。我們應該尊重生活的那種世俗層面，因爲從單一的家庭情況來著手，是實現我們的社會願景的唯一途徑。

成爲一個重視家庭的人，也意味著以家族傳統爲榮。從香巴拉的觀點來看，尊重你的家庭和教養，與區分自己和他人、因自己的先祖而妄尊自大無關。相反的，它建立在一個基礎上：了解家庭的結構和經驗，事實上反映了一個文化根深柢固的智慧。那智慧已經傳承給你，而且事實上，它呈現在你每天的家庭生活之中。因此，藉由欣賞你的家族傳統，你正進一步地把自己開放給豐饒的世界。

發現木克坡家族姓氏的尊嚴

我記得非常清楚，我發現自己和家族世襲傳承之間的關聯的經驗。我出生在西藏東部的一個牛棚之中；西藏東部的居民從未見過一棵樹。那個地區的人民居住在沒有樹木，甚至沒有灌木叢的牧草地之上。一年到頭，他們以肉類和乳製品維持生命。我是這片眞實土地之子，一個農民之子。在非常幼年的時候，我被認證爲一個「祖古」（tulku），或轉世的喇嘛。我被帶到蘇芒寺（Surmang monasteries）去接受我的訓練，並且成爲一名僧侶。因此，幾乎從一出生開始，我就被帶離我的家庭情境，被安置在一個寺院的環境之中。人們總是以我的法名，創巴仁波切，來稱呼我。然而，我從未忘記過我的出身。

當我搬遷至寺院的時候，我的母親陪伴我，並且留在我身邊達數年之久，直到我足夠年長到可以開始我的正式教育為止。當我大約四歲或五歲的時候，我問我的母親：「母親，我們的姓名是什麼？」她非常小心。她說：「你說『我們』是什麼意思？你知道你的名字是創巴仁波切。」但是我堅持要知道。我問：「我們的姓名是什麼？我們的家族姓氏是什麼？我們是從哪裡來的？」她說：「你應該把它忘記。它是一個非常卑微的姓名。你或許會引以為恥。」但是我仍然堅持，並且說：「我們的家族姓氏是什麼？是什麼？」

在那個時候，我正在玩弄一些餵養馬匹的醃漬蘿蔔。我把這些小小的醃漬蘿蔔從寺院廚房外面的地板上撿起來。祖古不應該吃這些醃漬蘿蔔，但是我一邊嚼著一片醃漬蘿蔔，一邊追問：「母親，我們的姓名是什麼？我們的家族姓氏是什麼？」我即將要去啃咬另一片骯髒的醃漬蘿蔔。我的母親非常擔心，也非常畏縮，但是她也被我的問題激起了興趣。這是我們彼此互動的一個緊張時刻。

我記得，那天天氣晴朗，陽光透過屋頂的一個窗戶照耀在她臉上。她看起來既蒼老又年輕。我不停地問：「我們的家族姓氏是什麼？」她終於說：「木克坡（Mukpo），當然是木克坡。但是不要吃那個醃漬蘿蔔！那是給馬吃的。」我恐怕我真的吃了那醃漬蘿蔔，而我記得我在咀嚼它。它非常脆，嘗起來像一種日本的醃漬物，我非常喜歡。我看著我的母親，並且問：「那是不是代表我也是一個木克坡？」她不是非常確定。她說：「你是仁波切！」然後我清楚地記得，我問

她，我是不是她生的兒子。剛開始，她說：「是的。」但是後來她說：「或許我是一個非人，一個低於人類的生物。我擁有一個女人的身體；我擁有一個次等的出身。請回到你的住處。」她把我抱在懷中，帶著我從廚房的附屬建築回到我的住處。然而，我一直把「木克坡」這個名字當作我的家族姓氏，我的定位和我的驕傲。

我的母親是一個非常溫柔的人。就我所知，她從未做過任何一件侵犯他人的事情。她總是親切和順地對待他人。我從我的母親的智慧當中，學習到許多人類社會的原則。

在現代，家庭已經不再是社會重視的焦點。在早期，把焦點放在家庭之上，部分是關乎生存。舉例來說，在有醫院和醫師之前，一個女人常常仰賴她的母親來協助生產，養育孩子。但是現在，醫學研究已經併合了祖母的智慧，孩子由醫師在醫院的產科病房接生。在大多數的地區，祖母的智慧已經不被需要，它們已無用武之地。祖母們最後淪落到老人之家或一個退休社區。他們偶爾去拜訪他們的孫子，看看他們玩得多麼盡興。

在某些社會，人們習於設立神龕來崇敬他們的祖先。甚至在今日，現代如日本的社會之中，仍然存在著崇拜祖先的強大傳統。你或許會認為，諸如此類的做法，純粹只是老式思維或迷信的作用，但是事實上，崇敬你的祖先世系，可說是尊敬你的文化所累積的智慧。我不是在建議，我們應該恢復祖先崇拜，但是欣賞人類自數千年以來，一直在累積智慧這件

事是必要的。我們應該欣賞我們祖先的成就：人類學習去製造工具，發展出刀子和弓箭，學習去砍伐樹木，烹煮食物，並且在食物中添加香料。我們不應該忽視先人的貢獻。

如何建造一幢建築物，在其背後有數千年的歷史。剛開始，人類居住在洞穴之中；然後他們學會建造簡陋的小屋。接著，他們學習如何去建造一幢有著樑柱的建築。最後，他們學習如何去建造一座中央沒有樑柱、有拱形結構跨越天花板的建築；這是一個了不起的發現。這樣的智慧必須被尊重。它完全不被認為是一個落日觀的態度。當人們試著去建造一座沒有中央樑柱的建築物而崩塌的時候，一定有許多人被壓在底下，許多人一定犧牲了他們的性命，直到一個可行的建築模型發展出來為止。你或許會說，這樣的成就是微不足道的，但是從另一方面來看，無法去欣賞人類存在的豐富資源——我們稱之為本初善——已經成為世界最大的問題之一。

當下——結合過去與現在

然而，崇敬過去本身，並不會解決世界的問題。我們需要去尋找我們的傳統和目前生活經驗之間的連結。當下或此時此刻的神奇力量，即是結合過去的智慧與當下此刻。當你欣賞一幅繪畫或一首樂曲或一篇文學作品的時候，不論它是在什麼時候被創造出來的，你「現在」在欣賞它。你體驗了與它被創造出來的時候相同的「當下」。它總是「當下」。

去體驗當下的方式，即是去了解在你人生中的這一個剎那，

這一個瞬間，永遠都是機會。因此，在當下思考你所在的位置，以及你的本質，是非常重要的。那也是你的家庭狀況、你每天的家庭生活是如此重要的一個原因。你應該把你的家視為神聖的，視為一個體驗當下的絕佳機會。欣賞神聖，可以非常簡單地從關注所有的生活細節開始。所謂的關注和興趣，純粹只是把覺察應用到日常生活中所發生的事情之上——在你烹調食物的時候保持覺察，在你開車的時候保持覺察，在你換尿布的時候保持覺察，甚至在你爭執的時候保持覺察。這樣的覺察可以幫助你遠離速度、混亂、精神症狀，以及各種憤恨。它可以讓你免除當下的障礙，如此一來，你就能夠時時刻刻在當下振奮起來。

當下的原則，對於去建立一個覺醒的社會所做的任何努力，也是非常重要的。你或許會納悶，什麼是協助社會的最佳方式，以及你如何能夠知道你所做的是真實可靠的。當下是唯一的答案。當下是重要的關鍵。那當下是一個真正的當下。如果你無法體驗當下，那麼你已經墮落了，因為你正在尋找另一個當下，而尋找另一個當下是不可能的。如果你這麼做，那麼只會有過去或未來。

當一個文化開始腐敗墮落，乃是因為那個文化停止存在於當下；它成為過去和未來。在歷史上，偉大的藝術被創造出來的時期、學術先進或天下承平的時期，全都是當下。那些情況在它們的當下的那一刻發生。但是在當下發生之後，那些文化失去了它們的當下。

你必須堅守當下，如此一來，你就不會重複墮落，你就不會腐化當下，你就完全不會把錯誤的當下視為當下。覺醒社會的願景，即是傳統、文化、智慧和尊嚴可以由每一個人在當下體驗，在當下保存。在那種情況下，絕對不會有任何種類的墮落腐化。

覺醒社會以當下之家庭為基礎

覺醒社會必須仰賴一個良好的基礎。你的家庭狀況的當下，即是那個基礎。你可以從那個基礎向外延伸擴展。藉由把你的家視為神聖的，你可以懷著覺察、懷著欣喜進入家庭狀況，而不是覺得你正在把自己投入混亂之中。清洗碗盤和烹煮晚餐或許看起來完全像是世俗的活動，但是如果你把覺察應用在任何情況之中，那麼你就是在訓練你的整個生命存在，使你能夠更加地開放自己，而非限制縮小你的生命。

你或許會覺得，你對社會擁有美好的願景，但是你的人生卻充滿了麻煩——金錢的問題，配偶的問題，或與照料孩子相關的問題——而你也覺得，願景和凡俗生活這兩件事情是背道而馳的。然而，願景和實際可行性是可以在當下被結合在一起的。

人們太常認為，解決世界的問題是以征服地球為基礎，而不是以碰觸地球、觸摸大地為基礎。那是落日心態的一個定義：努力去征服地球，如此一來，你就能夠避開現實實相。有各式各樣的防臭噴劑，讓你無法嗅聞到真實的世界，有各

式各樣的加工食品，讓你無法品嚐到天然的食材。香巴拉的願景不是在於試圖創造一個幻想的世界；在這個世界之中，沒有人需要見到流血，或經驗夢魘。香巴拉的願景是以生活在這片大地上為基礎，生活在這片真實的土地上，這片生長作物的土地，這片滋養你的生命的土地。你可以學習去生活在這片土地上：如何去露營，如何去搭一個帳棚，如何去騎一匹馬，如何去擠牛奶，如何去生火。即使你可能居住在二十世紀的一個城市之中，你仍然可以學習去體驗實相的神聖，實相的當下。那是創造一個覺醒社會的基礎。

第十二章 ▎發現神奇的力量

任何覺知都能夠適當且充分地把我們和實相相連。我們所看到的
事物，不必一定要是美麗的；我們可以欣賞任何存在的事物。在
每件事物當中，都有某些神奇力量的原則，某些活生生的品
質。在每件事物當中，都有某些生動、真實的東西在發生。

在二十世紀的社會之中，人們對於簡樸的欣賞幾乎已經消失
了。從倫敦到東京，都有一些從速度中創造樂趣和舒適的問
題。這個世界已經機械化到這樣的一個程度，你甚至不必去
思考。你只要去按一個按鈕，電腦就會告訴你答案。你不必
學習算數。你按一個按鈕，一台機器就會替你計數。「隨便」
（casualness）已經變得越來越普遍，因爲人們從效率的角度
來思考，而非從欣賞的角度來思考。如果穿衣服的目的，只
是要遮蓋你的身體，那麼何必要打領帶呢？如果飲食的原
因，只是爲了要填飽你的肚子和提供營養，那麼何必要去尋
找品質最優良的肉類、奶油和蔬菜？

勇士之道──重新連結當下之本初實相

然而，世界的實相不光只是二十世紀的世界所擁抱的生活型
態而已。樂趣已經變得廉價，喜悅已經被貶低，快樂已經被

電腦化。勇士之道的目標是重新連結當下的實相，如此一來，你就能夠向前邁進，而不會破壞單純簡樸，不會破壞你和這片土地的連結。在上一個章節之中，我們討論了當下做為結合過去智慧和現今挑戰的重要性。在這個章節之中，我們將要去討論，如何去發現當下的基礎。為了重新發現當下，你必須回顧，回到你的來處，回到原始的狀態。在這個情況下，回顧不是時間上的回顧，不是回溯到數千年以前。它是回到你自己的心，回顧到歷史展開之前，回顧到思想展開之前，回顧到念頭產生之前。當你接觸到這個原始的基礎，你就永遠不會被過去和未來的幻象所迷惑。你能夠不斷地安住在當下之中。

這個生命的原始狀態，可以被比喻為一面本初的或宇宙的鏡子。我們所謂的「本初」，是指非造作的，不是由任何情境所引起的。某件本初的事物，不是一個贊成或反對任何情況的反應。所有的造作都來自非造作。任何被製造出來的事物，剛開始一定都是從無中生有。如果某件事物是造作的，那麼它曾經被創造或被形塑。在英語之中，我們說規劃構想或計畫，或者我們說：「我們應該如何成立我們的組織？」或者我們會談論一朵雲的形成。相反的，非造作是免於被形塑，免於創造的。這個非造作的狀態被比喻為一面本初的鏡子，因為如同一面鏡子一般，它願意去反映任何事物，從粗重的層面到精細的層面，而它仍然保持原貌。宇宙之鏡的基本參照架構是相當廣大的，而且它離於任何的偏見：殺害或治療，希望或恐懼。

經由放鬆體驗宇宙之鏡

回歸和體驗宇宙之鏡的存在狀態的方式，只是放鬆而已。在這種情況下，放鬆相當不同於落日觀的懶散或休息、好好度一個假來娛樂自己的概念。在這裡，放鬆是指放鬆你的心，放下通常束縛你的焦慮、概念和抑鬱。放鬆或把心安住在當下的方法，即是透過禪修。在第一部，我們討論禪修是如何地和捨棄心胸狹窄和個人領域有所關聯。在禪修之中，你既不「贊成」也不「反對」你的覺受。也就是說，你不讚美某些念頭，不譴責另一些念頭，而是採取一個不偏不倚的態度。你讓事物如實地呈現，不帶判斷。如此一來，你自己也學習直接地、不帶任何概念地去活著，去表達你的存在。那是放鬆的理想狀態，能夠讓你去體驗宇宙之鏡的當下。事實上，它已經是宇宙之鏡的體驗。

如果你能夠放鬆——看著一朵雲而放鬆、對一滴雨而放鬆，並且體驗它的真實——你就能夠看到實相的非造作；這種非造作非常純粹且如實地留存於事物之中，非常簡單地。當你能夠看著事物，而不說：「這個是贊成我或反對我，」「我同意這個，」或「我無法同意這個，」的時候，你就是在體驗宇宙之鏡的存在狀態，宇宙之鏡的智慧。你或許會看到一隻蒼蠅在嗡嗡叫；你或許會看見一片雪花；你或許會看見水之漣漪；你或許會看到一隻黑寡婦蜘蛛。你或許會看到任何事物，但是你能夠真正地用單純平凡卻欣賞的觀點來觀看所有

這些事物。

你體驗到一個廣大浩瀚的覺知領域開展了。在其中，有無限的聲、無限的色、無限的味、無限的觸等等。感受覺知的領域是無限的，是如此的無限，以至於它本身是原始的、不可思議的、超越思想念頭的。有如此眾多的覺知，以至於它們是超越想像的。有無量的聲響。有你從未聽聞的聲響。有你從未目睹的景象和顏色。有你從未體驗的感受。有永無止境的覺知。

感官覺知是智慧之源

在這裡，覺知不只是你所察覺、感知的事物，也是察覺、感知的所有行為——所有的識、感覺器官和感覺領域，或感知的對象之間的互動。在一些宗教傳統之中，感官覺知被認為是問題，因為它們會引起世俗的慾望。然而，在香巴拉的傳統——它是一個現世性而非宗教性的傳統——感官覺知被認為是神聖的。它們被認為在基本上是良善的。它們是一個天賦的禮物，一個人類具有的天賦能力。它們是智慧的一個來源。如果你看不到景象，如果你聽不到聲音，如果你嚐不到食物，你就完全無法和現象世界溝通。但是由於覺知超乎尋常的廣大浩瀚，你擁有了和世界深處溝通的可能性——色的世界，聲的世界——更大的世界。

換句話說，你的感官賦予你進入更深層覺知的可能性。在一般的覺知之外，有超級的聲音、超級的味道，以及超級的感

受存在於你的生命狀態之中。這些只能透過修持深度的禪修，才能體驗得到；這種禪修釐清了所有的迷惑或晦暗，帶出了清晰、敏銳和覺知的智慧——你的世界的當下。在禪修之中，你體驗到呼吸出入的精準清晰。你感覺到你的呼吸：它是這樣的美好。你呼氣，氣息消融：它是如此的敏銳和美好，如此的超凡，以至於俗務都變得多餘。因此，禪修帶來了「超自然」——如果我可以使用「超自然」這個字眼的話。你不會看到鬼魂，或者變得能夠心靈感應，但是你的覺知變得「超級」自然，純然地超級自然。

一般來說，我們限制了覺知的意義。食物提醒我們要飲食；髒污提醒我們要打掃房屋；下雪提醒我們必須把覆在車子上面的雪清理乾淨，我們才能開車去上班；一張臉孔或一個表情讓我們回想起我們的愛或恨。換句話說，我們把我們所看到的事物，歸入一個令人感到自在或熟悉的體系之中。我們執著於自己對於現象的詮釋，而把任何浩瀚無限的事物或更深層的覺知的可能性，關閉於心門之外。然而，超越個人的詮釋是可能的，透過覺知的媒介，讓廣大浩瀚進入我們的心是可能的。我們總是有一個選擇：我們可以限制我們的覺知，如此一來，我們就關閉了浩瀚無限，或者我們可以讓浩瀚無限來碰觸我們。

爪拉──超越任何二元的力量

當我們把廣大浩瀚的力量和深度，縮減成為一個單一的覺

知，我們就是在發掘和喚起神奇的力量。我們所指的神奇力量，不是超越現象世界的反常力量，而是發現這個世界如是本具或本初的智慧。我們發現的智慧，是一種沒有起始的智慧，是自然的睿智，是宇宙之鏡的智慧。在藏文之中，這種存在的神奇特質或天然的智慧，被稱為「爪拉」（drala）。「爪」意指「敵人」或「對手」，「拉」意指「超越或在……之上」。因此，「爪拉」字面意義是「在敵人之上」，「超越敵人」。「爪拉」是一種非造作的智慧和世界的力量，超越任何二元對立；因此，「爪拉」是超越任何敵人或衝突的。它是超越侵略的智慧。它是自生的智慧和宇宙之鏡的力量，映現在我們之中，以及映現在我們的覺知世界之中。

在發現「爪拉」原則的重點之一是，了解你自己生而為人的智慧，與事物如實的力量是沒有分別的。它們兩者皆是宇宙之鏡非造作的智慧的映現。因此，在你和你的世界之間，沒有根本的分別或二元性。當你能夠同時體驗，比方說，這兩者合一的時候，那麼你就得見世界的巨大願景和力量——你發現，它們和你自己的願景，以及你自己的存在，本來就是相連的。那就是發現神奇的力量。我們在此處所說的，不是一種智力的顯露，而是一種實際的體驗。我們所說的是，如何真正地感知實相。發現「爪拉」，可能是以一個超乎尋常的味道、一個難以置信的聲音、一個鮮明生動的色彩、一個非凡味道的形式呈現。任何覺知都能夠適當且充分地把我們和實相相連。我們所看到的事物，尤其不必是美麗的；我們可以欣賞任何存在的事物。在每件事物當中，都有某些神奇力

量的原則，某些活生生的品質。在每件事物當中，都有某些生動、真實的東西在發生。

當我們看見事物的本來面貌的時候，它們對我們是有意義的：當樹葉被風吹動的時候，樹葉移動的方式；當雪花飄落在岩石上的時候，岩石潤濕的方式。我們看見事物如何同時展現它們的和諧和混亂。因此，我們永遠不會僅僅被美麗的事物所限制，我們也能夠適切地欣賞實相的所有面向。

許多童話故事和童詩描述過單純覺知的神奇力量被喚起的經驗。其中一個例子是米恩（A. A. Milne）①所著的《我們現在六歲》（*Now We Are Six*）中的一首詩「在窗口等待」（Waiting at the Window）。它的內容是關於在一個下雨天，望向窗外數個小時，觀看雨滴從天而降，在窗戶的玻璃上留下各種圖案。閱讀這首詩的時候，你看見了窗戶，下雨天，還有把臉壓在玻璃上、觀看雨滴的小孩，以及感受到那個小孩的欣喜和驚奇。羅伯特・路易斯・史蒂文生（Robert Louis Stevenson）在《孩子的詩篇花園》（*A Child's Garden of Verses*）中所寫的詩，也擁有類似的特質，使用非常平凡的經驗來傳達覺知的深度。「我的影子」（My Shadow）、「我的王國」（My Kingdom）和「火中的軍隊」（Armies in the Fire）這三首詩，即是說明此點的範例。世界根本的廣大浩瀚無法直接用言語來表達，但是在兒童文學之中，以單純表達那種廣大浩瀚常常是可能的。

小王子：真正的本質不是眼睛看得到的

聖修伯里（Antoine de Saint Exupéry）所著的《小王子》（*Little Prince*），是另一個精彩的文學範例；它喚起了一種平常或基本的，神奇。在這個故事當中，小王子遇見了一隻狐狸。小王子非常的孤單寂寞，希望狐狸陪他一起玩，但是狐狸說，除非他被馴服了，否則他不能陪小王子一起玩。小王子問狐狸「馴服」這個字詞的含意。狐狸解釋，「馴服」是指「建立聯繫」，如此一來，狐狸之於小王子，將會是獨一無二的，而小王子之於狐狸，也會是獨一無二的。後來，在狐狸被馴服之後，小王子必須離開牠。狐狸也告訴小王子牠所謂的「我的祕密，一個非常簡單的祕密」，那就是「只有用心，一個人才能看得真確：真正的本質不是眼睛看得到的。」

在《小王子》這本書中，聖修伯里使用一個不同的詞彙來描述發現神奇的力量或發現「爪拉」，但是基本上，這種體驗是相同的。事實上，發現「爪拉」，是和你的世界建立聯繫，如此一來，每一個覺知都會變得獨一無二。它是用心去看，如此一來，眼睛無法看見的事物，都變成可見的、活生生的、實相的神奇力量。覺知或許有數千個或數十億個，但是它們仍然同一。如果你看見一根蠟燭，你可以確切地知道整個世界上的所有蠟燭是什麼模樣。它們全都是由火、火焰所構成。看見一滴水，你就能夠看見所有的水。

「爪拉」幾乎可以被稱做一個實體。它尚未到達一個神或眾神

的層次，但它卻是一個確實存在的獨立力量。因此，我們所談論的不只是「爪拉」原則，我們所談論的也包括親見「爪拉」。「爪拉」是實相的元素——水之水，火之火，土之土——是連結你與實相的基本特質的任何事物，是提醒你覺知的深度的任何事物。「爪拉」存在於岩石、樹木、山峰、雪花或一塊泥土之中。無論是什麼，無論你在人生中遇見了什麼，那些都是實相的「爪拉」。當你和世界的基本特質建立聯繫的時候，你在當下遇見了「爪拉」；在那個時候，你正在和它們相遇。那是所有人類都具有能力的基本存在。我們都有潛能去發現神奇的力量。無論是在中世紀或二十世紀，神奇力量的可能性一直都在那裡。

在我個人的經驗之中，插花藝術是遇見「爪拉」的一個特殊例子。不論你找到什麼樣的枝梗，它們都不會被視為醜陋而被丟棄。它們總是能夠被含納在插花藝術之中。你必須學習去看待它們在情境中的位置：那是重點。因此，你永遠不會排拒任何事物。那即是和實相的「爪拉」建立聯繫的方式。

「爪拉」的能量如同太陽常在

「爪拉」的能量如同太陽。如果你看著天空，太陽在那裡。你看著天空，並不會產生一個新的太陽。你或許會覺得，你看著天空而創造或製造了今天的太陽，但是太陽永遠都在那裡。當你發現天空的太陽的時候，你開始和它交流。你的眼睛開始和陽光互動。同樣的，「爪拉」的原則永遠都在那

裡。不論你是否在乎去和它溝通，實相的神奇力量和智慧永遠都在那裡。那種智慧安住在宇宙之鏡當中。透過放鬆你的心，你可以和那種本初的、原始的基礎重新建立聯繫；那種基礎是完全純淨而單純的。由此，透過你的覺知的媒介，你可以發現神奇的力量或「爪拉」。事實上，你可以把自己本具的智慧，和一種超越你的、更巨大的智慧或願景連結在一起。

你或許會認為，當你發現神奇的力量之後，一些「超乎尋常」的事情將會發生在你身上。一些「非常普通平凡」（extra-ordinary）的事情的確會發生；你只會發現自己身處於究竟的實相，完全且徹底的實相之中。

【譯註】
①米恩，英國作家小熊溫尼普的作者。

第十三章 ▌ 如何喚起神奇的力量

當你在你的環境中展現溫柔和清晰準確的時候，真正的光燦和力量會突然降臨在那個情境之上。如果你出於自我，而試著去製造那種場面，它將永遠不會發生。你無法擁有這個世界的力量和魔力。它永遠都可以取之無盡，但是它不屬於任何人。

所有人類體驗的現象世界是無常且易變的，而且是殘酷無情的。你常常會納悶，你是否能夠駕馭那種無常和殘酷的情況，或者你將會被它駕馭。我們可以使用一個類似的例子來解釋：不是你騎在一頭驢子上面，就是驢子騎在你上頭。一般來說，在你的經驗世界當中，誰騎在誰上頭是不確定的。你越是奮力去取得優勢，你就越得加快速度、越具侵略性地克服你的障礙，同時你也越加受制於現象世界。真正的挑戰是，完全超越那種二元性。接觸那種超越二元論、超越侵略的能量是可能的——那種能量既不支持你，也不反對你。那是「爪拉」的能量。

「爪拉」是超越侵略的能量

「爪拉」不是一個神祇或精靈。基本上，它連結了你自身的智慧和事物本具的力量。如果你能夠連結這兩件事物，你就能

夠發現每一件事物的神奇力量。但是，仍然存在著一個問題：是什麼讓你連結這兩件事物。在上一個章節之中，「爪拉」的原則被比喻爲太陽。雖然太陽總是在天空中，但是，是什麼讓你抬頭望向天空，並且看見太陽在那裡？雖然神奇的力量總是唾手可得，但是是什麼讓你發現它？「爪拉」的基本定義是「超越侵略的能量」。接觸那種能量的唯一途徑，即是體驗你內在溫柔的存在狀態。因此，發現「爪拉」不是偶然的。爲了和實相的基本神奇力量建立聯繫，你的內在必須已經具備了溫柔和開放。否則，你無法認出非侵略的能量，「爪拉」的能量。因此，對於體驗「爪拉」，香巴拉勇士個人的修持和戒律是必要的基礎。

以恐懼自我和恐懼死亡爲根基的落日世界，與「爪拉」的原則完全沒有聯繫。事實上，怯懦和侵略的落日觀點，驅除了任何神奇的可能性、任何體驗實相的眞實、光燦特質的可能性。反之於落日觀的，展現東方大日的願景，則是喚起「爪拉」的方式。我們在先前的章節所討論的東方大日的願景，是眞正的人類美善的展現，不是以驕慢或侵略爲基礎，而是奠基在溫柔和開放之上。它是勇士之道。

勇士之道的本質，即是超越怯懦，展現勇氣。那是喚起「爪拉」最佳且唯一的方式：創造一個充滿勇氣的氛圍。我們在稍早的章節中，已經談論了勇氣的特質。勇氣的基本面向是存在無欺。在這種情況下，欺騙是自我欺騙、懷疑自己，如此一來，你就和東方大日的願景絕了緣。當你有了良好的基地之後，「爪拉」才會降臨在你身上。如果有最微不足道的

欺騙，你將驅除「爪拉」。從那個觀點來看，欺騙是落日世界的魔力。

通常，如果我們說某一個人是勇敢的，我們是指他不害怕任何敵人，或他願意為了一個目標理想犧牲性命，或他從來不會膽怯。香巴拉對於勇敢的了解是相當不同的。在此，勇敢是去生存、去活在世界上，沒有任何欺騙，用極大的仁慈和關愛善待他人的勇氣。你或許會納悶，這如何能夠把神奇的力量帶入你的生活之中。神奇力量的一般見解是，你能夠征服自然元素，如此一來，你就能夠把土轉變為火，或把火轉變為水，或者不顧地心引力的定律而在天空飛翔。但是真正的神奇力量是實相的神奇力量：土之土，水之水──和自然元素溝通交流，因此就某種意義而言，它們和你合而為一。當你發展勇氣的時候，你和生命的基本特質建立聯繫。勇氣開始提升你的生命，也就是說，帶出你的環境和你自己生命的光燦、真誠的本質。因此，你開始接觸到實相的神奇力量──就某種意義而言，這種力量已經在那裡了。事實上，你能夠吸引自宇宙之鏡生起的力量和本初智慧。

在那個時候，你開始了解到，你如何能夠影響你的環境，於是「爪拉」原則就反映在你生命中的每一個活動之中。你了解到，事實上，你可以用這樣的一種方式來規劃你的人生，在你的世界中，你吸引了神奇的力量或「爪拉」，並把它們化現為光輝和優雅。這個做法被分為三個部分，我們稱之為喚起「爪拉」的三種方式。

喚起外在的「爪拉」

第一個方式是喚起外在的「爪拉」，也就是在具體的環境中，喚起神奇的力量。這個環境可能小而有限，如一個單人房公寓，或大如一座豪宅或旅館。你規劃和照料那個空間的方式，是非常重要的。如果它是一個混亂骯髒的空間，那麼沒有「爪拉」將會進入那個環境。另一方面，我們在此所談論的，不是去上一堂室內裝潢的課程，或花一大筆錢購買家具和地毯，來創造一個「模範環境」。對於勇士而言，喚起外在的「爪拉」，是在你的環境中創造和諧，以激發覺察和注意細節。如此，具體的環境將會增益你的勇士戒律。除此之外，你規劃具體空間的方式，應該以關心他人為基礎，並且創造一個宜人的環境來分享你的世界。重點是，你這麼做不是為了要讓別人對你另眼相看，而是要讓其他人能夠參與利用你的世界。當這個開始發生之後，那麼其他事物也可能隨之而來。也就是說，當你在你的環境中展現溫柔和清晰準確的時候，真正的光燦和力量會突然降臨在那個情境之上。如果你出於自我，而試著去製造那種場面，它將永遠不會發生。你無法擁有這個世界的力量和魔力。它永遠都可以取之無盡，但是它不屬於任何人。

喚起外在的「爪拉」有許多其他的例子。舉例來說，我曾經讀過一些美國西南部的印地安人在沙漠的沙地上種植蔬菜。從一個客觀的觀點來看，那土地是完全貧瘠的。如果你只是

把一把種子丟到那片土地上，長不出任何東西來。但是，印地安人已經耕耘那片土地達數個世代之久；他們和那片土地有深刻的聯繫，而且他們照料它。對他們來說，它是神聖的土地，因爲這片土地，他們的作物才能生長。那是真正的神奇。對你的環境所產生的神聖態度，將帶來「爪拉」。你或許居住在一個土屋之中，沒有地板，而且只有一扇窗戶，但是如果你把那個空間視爲神聖的，如果你用你的心和心靈來照料它，那麼它將是一座宮殿。

神聖空間的概念，也是賦予一座如沙特爾（Chartres）①大教堂的偉大教堂，或如英國議會大廈等政府建築物宏偉莊嚴的事物。教堂是刻意被建造爲神聖的處所，但是政府的建築物，或許從未被它的建築師認爲是「神聖的」。然而，那些處所呈現的風采，不只是建築物的結構或建材的美輪美奐。它們散發出一種讓你不由自主地感受到的特殊氛圍。

希臘人和羅馬人用某種對於外在的爪拉的領會，來規劃他們的城市。你或許會說，把一個噴泉安置在一片廣場和十字路口的中央，是一個隨機的選擇。但是，當你看到那個噴泉的時候，它完全沒有隨機的感覺。它在屬於它自己的適切處所，而使它突顯了周圍的空間。由於羅馬人的縱情酒色和墮落腐敗的統治者，因此我們在現代對於他們沒有非常高的評價。我們傾向於貶低他們的文化智慧。可以肯定的是，墮落腐敗驅除了「爪拉」。然而，在羅馬的文明之中，存有某種力量和智慧，是我們不應該忽視的。

總而言之，喚起外在的「爪拉」的原則，和規劃你的環境有所關聯，如此一來，你的環境就會變成一個神聖的空間。這要從規劃你個人的居家環境開始。在此之後，它可以含納更大的環境，例如一座城市，甚或整個國家。

喚起內在的「爪拉」

其次，是喚起內在的「爪拉」，也就是如何喚起你身體內的「爪拉」。基本上，內在「爪拉」的體驗，即是你感受到身體的完整一體——所謂的完整一體，是指你的頭、你的肩膀、你的軀幹、你的手臂、你的生殖器官、你的膝蓋、你的雙腿和你的腳趾，一起構成一個基本上是完善的人身。你不會感受到你的頭和肩膀之間、你的腳趾和雙腿之間等等出現不和。不論你的頭髮是否漸漸灰白，或你的臉上正長出皺紋，或你的雙手顫抖，都不真的重要。你仍然有一種感覺：你的身體擁有它自己的壯健，它自己的和諧。當你觀看的時候，你聽見聲音；當你聽聞的時候，你聞到味道；當你嗅聞的時候，你品嚐；當你品嚐的時候，你有所感受。你所有的感官覺知如一個單元般運作，如一個本初善，一個基本健康的展現。

你透過自己和習慣之間、你處理穿衣、吃飯、飲水和睡眠等細節的方式，來喚起內在的「爪拉」。我們可以使用衣著來做為一個例子。對於勇士而言，衣著事實上提供了一個戒律的盔甲，避開了落日世界的攻擊。這不是說你隱藏在衣服後面，因為你害怕去展現自己作為一個好勇士；當你穿著妥當

合身的衣服的時候，你的衣著既可以避免隨便，也可以帶來極大的尊嚴。

有時候，如果你的衣服合身，你覺得它們太緊。如果你盛裝打扮，你或許會覺得，打一條領帶、穿一套西裝或緊身的裙子或洋裝，是把自己給束縛住了。喚起內在的「爪拉」的概念，即是不屈服於隨便的誘惑。偶爾來自於你的頸部、你的褲襪或你的腰際的不舒適刺激感，通常是一個好的徵兆。它意味著你的衣服合身，但是你的自我神經質卻不適合你的衣著。現代的態度常常是自由和隨意。那是伸縮尼龍休閒西裝的吸引力。如果你盛裝打扮，你覺得拘謹生硬。你很想脫下你的領帶或你的外套或你的鞋子。然後，你可以伸出你的雙腳，把它們放在桌子上，並且表現得無拘無束，同時希望你的心也能無拘無束。但是在那個時候，你的心開始滴滴答答。它開始滲漏，各式各樣的垃圾從你的心冒出來。那種版本的放鬆，完全不會提供真正的自由。所以，對於勇士而言，穿著合身的衣服，被認為是穿著一套盔甲。事實上，你穿著的方式能夠喚起振奮和優雅。

內在的「爪拉」也出自和食物建立一個適當的關係，以及關心你的飲食習慣。這不一定意味著，你應該四處購買品質最優良的美食食材。但是，你卻可以花一些時間來準備營養豐富的美好餐點。你可以享受烹調你的食物，享用它，然後清洗碗盤，收拾剩菜殘羹。此外，你透過發展更大的覺察，覺察你如何使用你的嘴，來喚起內在的「爪拉」。你把食物放進你的嘴巴；你用你的嘴巴來喝飲料；你用你的嘴抽菸。嘴巴

彷彿是一個大洞或一個大垃圾桶：你把每一件事物從嘴巴放進去。你的嘴巴是一個最大的閘門：你用嘴說話，你用嘴哭喊，你用嘴親吻。你如此常用你的嘴巴，因此它變成某種宇宙的門戶。想像你被火星人觀察。他們會被你如此常用你的嘴巴而大感驚奇。

為了喚醒內在的「爪拉」，你必須留意你使用嘴巴的方式。你或許不必如你所認為的，那麼頻繁地使用你的嘴巴。欣賞你的世界，不代表你必須時刻消耗你所看見的每一件事物。當你吃東西的時候，你可以慢慢地吃，並且適可而止。你可以欣賞你所吃的食物。當你說話的時候，你不必持續地說出你心裡所想的每件事情。你可以溫柔地說你必須要說的話，然後停止。你可以讓其他人說話，或者你可以欣賞靜默。

喚起內在的「爪拉」的基本概念，即是你可以讓你的身體和你與現象世界的聯繫達到協調或和諧。你能夠確實看到這種協調或相連。你可以透過人們的行為舉止，看到他們與內在的「爪拉」的聯繫：他們拿起茶杯的方式，他們抽菸的方式，或他們用手指滑穿過頭髮的方式。不論你做什麼，總是展現了你對你自己和你的環境的感受——不論你對自己感到親切仁慈，或對自己感到怨懟和憤怒；不論你對你的環境感到美好，或對你的環境感到鄙惡。總是可以透過你的步伐和你的姿態察覺出來——總是可以。彷彿你和你的現象世界結為連理。所有的小細節——在你淋浴之前，你打開水龍頭的方式，你刷牙的方式——都反映了你和世界的聯繫或失聯。當那種聯繫是完全協調一致的時候，那麼你就在體驗內在的

覺悟勇士

「爪拉」。

喚起秘密的「爪拉」

最後一種是喚起秘密的「爪拉」；它是喚起外在的和內在的「爪拉」原則下的產物。因爲你已經在你的周圍創造了一個神聖的環境，因爲你已經如此美妙地、如此完美無瑕地協調了你的身體，於是你在你的心中喚起了巨大的覺醒，巨大的當下。

在關於「放下」的章節中，我們介紹了「風馬」的概念，或騎乘生命中本初善的能量。「風馬」是翻譯自藏文的「龍踏」（lungta）。「龍」（lung）意指「風」，而「踏」（ta）意指「馬」。喚起祕密的「爪拉」是生起「風馬」的體驗覺受，生起欣喜和力量之風，並且騎乘或征服那種能量。如此之風可能會伴隨著強大的力量，例如一場會把樹木和建築物吹倒，在水中掀起巨浪的颶風。這種風之個人的體驗覺受，是一種徹底的、充滿力量的當下存在感的呈現。「馬」的面向是，除了這巨風的力量之外，你也感受到穩定。你永遠不會被生活中的困惑所動搖，永遠不會被興奮或抑鬱所動搖。你可以騎乘在人生的能量之上。因此，「風馬」不純粹只是動作和速度，它也包括了實用性和辨別力，也就是一種自然而然的技巧。這種「風馬」的特質，如同一匹馬的四條腿，可以讓馬穩定平衡。當然在這種情況下，你不是騎乘在一匹普通的馬上；你是騎乘在一匹「風馬」之上。

藉由喚起外在的和內在的「爪拉」原則，你在你的人生中，

生起了能量和欣喜之風。你開始感覺到在你的生命之中,展現了自然而然的力量和鼓舞。在生起你的「風馬」之後,你就能順應在你心的狀態中所生起的任何事物。你沒有任何種類的問題或猶豫。因此喚起祕密的「爪拉」的結果是,你離於下意識的流言蜚語,離於猶豫和懷疑。你體驗了你的心的狀態的那一剎那。它是新鮮的、青春的和處女的。它是單純且真誠的。它完全不包含疑惑或懷疑。它是正面向意義的天真無知,它是完全清新的。秘密的「爪拉」是體驗你心的狀態的那個剎那,那是當下的本質。事實上,你體驗了你能夠在當下,把自己和宇宙之鏡不可思議的願景和智慧相連在一起。同時,你了解到,這種當下的體驗覺受,能夠和本初智慧的廣大浩瀚相結合,而這本初智慧同時包含了過去傳統的智慧和當代生活的現實。因此,你開始明白,勇士的神聖世界如何地被創造出來。在接下來的章節之中,我們將更徹底地探究勇士的神聖世界。

覺悟
勇士

【譯註】

①沙特爾大教堂Chartres,十二世紀早期歌德式建築的偉大教堂。位於法國巴黎西南郊。

第十四章 ▌ 克服驕慢

當你完全溫柔，沒有驕慢，沒有激進侵略性的時候，你看見了
宇宙的光明燦爛。你發展了宇宙的真正覺知。

驕慢是溫柔的基本障礙

在上一個章節之中，我們討論了喚起「爪拉」原則的方式。
在這個章節和下一個章節之中，我們將要討論喚起「爪拉」
所面臨的障礙。在我們能夠嫻熟喚起外在的、內在的和祕密
的「爪拉」的戒律之前，我們必須克服這些障礙。喚起「爪
拉」的其中一個重點是，準備一個溫柔和真誠的基礎。驕慢
是溫柔的基本障礙。驕慢來自於執著於以我和他人作為參考
點。你或許已經研究過勇士之道的原則和東方大日的願景，
你或許已經領受了無數關於如何安住於當下、生起你的「風
馬」的教法，但是如果你把那些視為你的個人成就，那麼你
就錯失了重點。你不會變得溫柔馴服，反而會變得極端驕
慢。「我，喬・史密特，能夠生起風馬，我對此感到滿意。
我開始成就一些事情，因此我是一個重要的人。」

溫柔而不驕慢，是香巴拉對於君子的定義。根據《牛津英語
辭典》，君子的其中一個定義是，一個彬彬有禮的人，一個溫
柔、有教養的人。然而，對於勇士而言，溫柔不只是彬彬有

禮。溫柔是體貼細膩：時時刻刻對他人表示關心。一個香巴拉的淑女或君子，是一個得體的人，一個真誠的人。他或她對自己、對他人非常溫柔。我們被教導的任何禮節、規矩或紀律，目的都在於關心他人。我們或許會認為，如果我們擁有良好的舉止和規矩，我們就是好女孩或好男孩；我們知道如何得體地用餐，如何得體地喝飲；我們知道如何舉止得宜；我們是不是很聰明伶俐？那不是重點。重點在於，如果我們擁有惡劣的餐桌禮儀，這種餐桌禮儀就會令我們的夥伴感到不悅，結果我們的夥伴也發展出惡劣的餐桌禮儀，使其他人感到不悅。如果因為我們沒有教養而錯用了餐巾和餐具，就會為其他人製造困擾。

合宜的舉止不代表去增進提升自己，然後把自己視為一個小王子或小公主。合宜舉止的重點在於，對他人表達我們的尊重。因此，我們應該注重我們如何舉措。當一個人進入房間的時候，我們應該打招呼，或者站起來，對他們握手寒暄。那些規矩和如何體貼他人有關。勇士之道原則是奠基在訓練自己和培養自制之上，如此一來，我們就能夠推己及人。為了要發展不驕不慢，那些紀律是重要的。

驕慢和自以為是驅除「爪拉」

我們傾向於認為，對我們的社會或對我們自己所構成的威脅，是在我們自身之外的。我們害怕某些敵人將毀滅我們。但是，一個社會是從內部被毀滅，而不是源自外來者的攻

擊。我們或許會想像，敵人帶著矛和機關槍來殺害我們，屠殺我們。在實相之中，能夠毀滅我們的唯一事物，存在於我們的內在。如果我們擁有太多的驕慢，我們將摧毀我們的溫柔。如果我們摧毀了溫柔，那麼我們也摧毀了覺醒的可能性，然後我們就無法運用直覺的開放，來把自己適當地伸展推及到情境之中。相反的，我們製造了巨大的激進和侵略。

「激進侵略」完全褻瀆了你的處所：你所坐的地面，你周圍的牆壁、天花板和出入口。結果，你沒有地方邀請「爪拉」進入。那個空間如同一個鴉片窟，混濁又沈悶，而「爪拉」說：「唉，誰想要到那裡去？是誰邀請我們？是誰用欺騙來喚請我們？」他們絕對不會來。當房間充滿了你和你自我的伎倆的時候，沒有一個聰明人會被那個空間吸引。連你也不會。

當環境密不通風，充滿了驕慢和自以為是的男女的時候，「爪拉」被驅除了。但是之後，如果一個勇士，一個體現不侵略、離於驕慢、謙沖的人走進房間，會發生什麼事情？當這樣一個人走進一個充滿驕慢和污染的房間的時候，房間的主人很可能會開始覺得滑稽可笑。他們覺得，他們無法再尋歡作樂，因為一個不會與他們的欺騙同流合污的人已經走進房間。他們無法繼續說落日世界的笑話，或放縱懶散地躺在地板上，因此他們通常會離開。勇士被獨自留下，坐在那個房間之中。

但是過了一陣子之後，一群不同的人或許會走進來，尋覓一個清新的房間，一個清淨無染的氛圍。他們開始聚集——面

帶笑容、不帶驕慢或不帶侵略的、溫柔的人。那氣氛相當不同於之前的落日集會。它或許稍微比鴉片窟喧鬧，但是氣氛是令人感到愉快且清新的。然後，「爪拉」有可能會開始在門和窗戶外面窺看。他們變得興味盎然，很快地，他們想要進入，並且一個接一個地進入。他們接受食物和飲水，他們在那個氣氛中放鬆，因為它是純淨無染的。因為那氣氛沒有驕慢，「爪拉」開始加入，分享他們更大的清明。

勇士欣賞宇宙的光明燦爛

當勇士見習生體驗到一個「爪拉」存在其中、實相存在其中、清明的可能性永遠存在其中的環境時，他們可以欣賞山峰、雲朵、天空、陽光、樹木、花朵、溪流，以及孩童偶然的哭泣和笑聲。那是喚起「爪拉」的主要重點：充分完全且適當地欣賞實相。驕慢的人無法看到濃烈的亮紅和亮藍，亮白和亮橘。驕慢的人是如此專注於自己，是如此地與其他人競爭，以至於他們甚至不能觀看。

當你完全地溫柔，沒有驕慢，沒有激進侵略性的時候，你看到了宇宙的光明燦爛。你發展出一種宇宙的真實覺知。你可以欣賞綠色的、葉片形狀美好的青草，你可以欣賞一隻帶有淡淡的紅銅色、有著黑色觸鬚的斑紋蚱蜢。牠是如此美麗地坐在一株植物上。當你走向牠時，牠從植物上一躍而下。如同那樣的小事物，不是無聊的景象；它們是新發現。每一天，你看見不同的事物。幾年前，當我在德州的時候，我看

見成千上萬的蚱蜢。牠們每一隻都有屬於自己的態度，牠們身上帶有各種顏色的斑紋。我沒有看到任何紫色的蚱蜢，但是我看到紅銅色的、綠色的、米色的和黑色、偶有紅色斑點的蚱蜢。無論你走到何處，無論你看向何處，這個世界非常有趣。

在我們的世界中，無論存在著什麼事物，都值得去體驗。今天，或許降了一場雪，雪花覆蓋在松樹上。我們可以觀賞最後幾道夕陽照耀在深鐵藍色的山峰之上。當我們開始看見那種細節的時候，我們感受到「爪拉」原則已經在那裡了。我們無法忽略現象世界中的驚人情境。事實上，我們應該把握機會，在當下就把握它。喚起「爪拉」原則，來自於我們所擁有的，應該擁有的著迷——不帶驕慢地。我們可以欣賞我們的世界，我們的世界是如此的生動，如此的美麗。

讓你自己遠離驕慢、斬斷串習的過程,是一個非常激烈的手段,但是為了幫助這個世界中的其他人,它是必要的。

串習──習慣的反應

如我們已經討論的,驕慢來自於缺乏溫柔。但是除此之外,缺乏溫柔來自於依賴行為舉止的串習。因此,串習也是喚起「爪拉」的一個障礙。由於執著於串習,我們使自己和勇士的世界絕緣。串習幾乎如同反射作用:當我們感到震驚的時候,我們驚慌失措;當我們受到攻擊的時候,我們採取防衛。在一個更細微的層次上,我們使用串習來隱藏我們的不自在。當我們感到有所欠缺的時候,我們使用習慣的反應來補綴我們的自我形象:我們在其他人面前捏造一些藉口,來隱藏我們的不足。我們標準的情緒反應,常常是串習的映現,例如精神衰弱、不安、對我們不喜歡的事物感到惱怒,以及我們的許多慾望。我們使用我們的串習來封閉自己,來壯大自我。

日文有一個有趣的詞彙「toranoko」,字面的意思是「幼虎」。它是一個貶抑的詞彙。當你稱呼一個人是一個toranoko的時候,你的意思是他是一隻紙老虎,表面勇敢,底子裡是一個

儒夫。那是執著於串習的形容。你或許會嘗試去暴露你的怯懦，但是你的嘗試卻是如此的微弱無力。你使用強而有力的語言來表白說：「我知道我不是完全無所畏懼。」但是即使如此，你的表白仍然是 toranoko 的展現，一隻肥胖的幼虎害怕牠自己的影子，害怕跳躍，害怕和其他的幼虎玩耍。

在藏文之中，用「土拙」（tudro）來代表動物。「土」意指「弓著身子的」，「拙」意指「行走」。「土拙」是弓著身體行走的四腳動物。鼻孔是牠們最敏感的感覺器官，牠們使用鼻孔來嗅尋牠們的道路。那是一個形容串習的精確描述，是動物本能的展現。串習只能讓你看到在你前面三步遠的地方，無法看得更遠。你總是看著地面，你從未仰望亮藍色的天空或山巔。你無法對著從冰河升起的薄霧欣然微笑。事實上，在你肩膀高度以上的任何事物，都令你難為情。在那個領域，頂天立地從沒有發生的可能。

你或許曾經接受教導，如何去體驗頂天立地，如何提升自己去看東方大日。但是，如果你沒有克服串習，那麼你仍然只是一個弓著身子、以四腳行走的「土拙」。當你追隨你的串習的時候，你從不向左看或向右看，你無法看見顏色的鮮明，你從不欣賞從窗戶吹襲來的微風。你想要立刻關閉窗戶，因為新鮮空氣是討厭的事物。

當一個充滿串習、「土拙」類型的人看著一名勇士的時候，他或許會覺得，勇士擁有一個非常乏味的生命。勇士如何以天地之名，能夠如此正直和覺醒？一個弓著身子的四腳「土

拙」，一個不頂天立地的人，或許會為勇士感到非常難過，因為勇士必須用兩隻腳站著，保持頭部和肩膀的挺直。這樣的一個同情者，很可能會把一張椅子當做禮物送給勇士，認為一張椅子會讓勇士快樂。如此一來，勇士就不必頂天立地了；他至少可以偶爾低頭垂肩、沒精打采，把腳放在咖啡茶几上。

勇士克服串習，無有休息

但是一個勇士永遠不需要休息。嘗試用低頭垂肩或耽溺於串習來放鬆，只會引起精神分裂症。在辦公室，你是一個如此美好的上司，如此美好幽默的人，但是在你回家的那一刻，你把每一件事情拋諸腦後。你打開你的電視，你毆打你的妻子，你把你的孩子趕回房間，告訴他們你需要安靜。使人納悶的是，這樣的一個人在尋找什麼樣的平和和寧靜。他似乎是在尋找痛苦和一個如地獄般的人生。因此，你不能在辦公室是一個勇士，但在家卻是一個「土拙」。

讓你自己遠離驕慢、斬斷你的串習的過程，是一個非常激烈的手段，但是為了幫助這個世界中的其他人，它是必要的。你應該以自己為榮，並且鼓舞振奮自己。你應該把自己視為一個誠實而真誠的勇士。聯合國的前任祕書長，來自緬甸的吳丹（U Thant of Burma），示範了如何做一名勇士，並且不帶驕慢地幫助他人。他受過相當高等的教育，並且完全沈浸在禪修之中。他用尊嚴執行聯合國的事務，他是如此的柔軟

和溫柔。因此，人們敬畏他；他們感受到他的力量。他們景仰他所說的話，他所做的決定。他是本世紀最偉大的發言人之一，一個能夠克服串習的偉大範例。

串習是危險的，而且是具有毀滅性的。它們阻止你看見東方大日。當串習不斷運作的時候，你完全無法抬起你的頭和肩膀。你在底下，你只往下看，尋找這個和那個。你只關心停在你的杯子上的蒼蠅，勝過關心正在升起的大日。你已經忘記了令人振奮和開放的願景，忘記直視東方大日。你開始消融自己，把自己投入在一個次於人類、甚至低於動物的領域之中。你不願意參與任何直接的歡欣。你不願意受到最輕微的痛苦甚或不適，以看到東方大日。

當你非常年輕，當你三歲的時候，你尤其不願意逃離現實，因爲你對事物被完成的方式感到如此興致勃勃。你習慣問你的父親和母親各式各樣的問題：「媽咪，爲什麼這個會這樣？爸爸，爲什麼這個會這樣？我們爲什麼做這個？我們爲什麼不做那個？」然而，那種天眞無邪的好奇心已經被遺忘了，已經失落了。因此，你必須重新點燃它。在那初發的好奇心之後，你進入了「土拙」的行爲舉止之繭。你曾經擁有巨大的好奇心，但是之後，你認爲你被你的世界虐待了，因此你跳入你的繭，並且決定去睡覺。

有時候，抬起你的頭和肩膀可能會讓你背痛或頸部抽緊，但是延展你自己、提升你自己是必要的。我們不是在談論哲學，而是在談論我們如何實際上以天地之名，成爲一個正當

得體的人，而不試著去短暫地娛樂自己。不斷去尋找即時的娛樂是一個大問題。「我接下來能做什麼？我如何能夠讓自己不無聊？我一點也不想去看那個光明的世界。」當我們用針線來縫布料的時候，我們想：「我是否有其他的方法來縫？我是否有任何方法能夠在這個旅途上迂迴而行？」我們要去完成的旅程是要求嚴苛的，但是無法避免的。

藉由停止串習，我們能夠在當下欣賞真實的世界。我們能夠欣賞在我們周圍明亮美麗的奇異世界；我們不必去感受那所有的怨懟或難堪。如果我們不根除我們的串習，我們永遠無法徹底地欣賞世界。但是一旦我們克服了串習，爪拉原則的生動鮮明、神奇的力量將會降臨，而我們將開始成為我們世界獨立的主人。

第十六章 ┃ 神聖的世界

當人類和自然、和天地失去聯繫之後，他們不知道如何滋養他們的環境或如何統治他們的世界——兩者是同一件事情。人類在毀滅他們的生態系統的同時，他們又毀滅彼此。從那種觀點來看，療癒我們的社會，與恢復我們和現象世界個人的、原始的聯繫，是相伴而來的。

如我們在前兩個章節所討論的，驕慢和串習是體驗「爪拉」的障礙。為了發現世界的神奇力量，我們必須克服個人的神經質和自我中心的態度——這些都阻止我們體驗超越我們自己的更大願景。它們遮蔽我們的視界，也阻止我們提升自己，推己及人地幫助他人。

有些人覺得，世界的問題是如此緊迫，因此社會的和政治的行動應該先於個人的發展。他們或許覺得，他們應該為了一個更大的理想，完全犧牲自己的需求。在它的極端形式之中，這種思惟把個人的神經恐懼和侵略性合理化為一個紛擾社會的產物，因此人們覺得他們可以緊抓他們的神經質不放，甚至使用他們的侵略行為來達到改變。

個人的清明與人類社會的關聯

然而根據香巴拉的教法，我們必須認清我們個人的清明體驗，本來就和我們對於一個良善的人類社會的願景有所關聯。因此，我們必須按部就班，循序漸進。如果我們試圖去解決社會的問題，而沒有克服我們心的狀態的迷惑和侵略，那麼我們的努力只會助長根本的問題，而不會解決問題。這是為什麼在我們能夠處理更大的議題之前——如何幫助這個世界，我們必須先展開個人的勇士旅程。不過，如果香巴拉願景純粹被當做另一個強壯自我的企圖，同時又忽視我們對他人的責任，那麼將非常的不幸。勇士之道的重點是成為一個溫柔馴良的人，能夠真誠地貢獻這個世界。勇士的旅程是奠基在發現人類存在的本質什麼是美善的，以及如何和其他人分享那種美善的基本本質。這個世界具有一個本然的秩序與和諧，是我們能夠發現的。但是我們無法用科學來研究那個秩序，或者用數學來測量它。我們必須去感覺它——在我們的骨頭之中，在我們的心之中，在我們的心靈之中。如果我們徹底修持勇士的戒律，那麼透過喚請「爪拉」原則，我們能夠重新喚醒我們和實相之間的親密連結。那提供我們用一種真誠溫柔的風貌與他人互動的基礎。

當你喚請「爪拉」的時候，你開始體驗到本初善映現在每一個處所——在你自己身上、在他人身上，以及在整個世界。你不是盲目於落日觀或存在的墮落面向。事實上，你非常清

晰地看見它們，因為你是如此的警覺。但是你也看見生命的每一個面向具有被向上提升的潛能，每一個情境都有神聖的可能。因此，你開始把宇宙視為一個神聖的世界。神聖的世界是現象界中那自發而天然的存在。當你擁有黃金的時候，黃金可以被形塑成不同的形狀——既可以是美麗的，又可以是古怪的——但它仍然是二十四K金。一顆鑽石可以被一個最墮落的人佩戴，但它仍然是一顆鑽石。

東方大日的象徵意義

同樣的，神聖世界的概念是，雖然你看到世界充斥著迷惑和問題，但是你也看到現象的存在不斷受到東方大日的願景的影響。事實上，我們可以說，這個世界具有東方大日的特質。神聖世界是偉大的，因為它具有本初的、原始的特質。也就是說，神聖回歸到過去，貫穿歷史回到史前，回到歷史展開之前，回到念頭生起之前，回到心靈從未生起任何念頭之前。因此，體驗神聖世界的偉大，是認清那廣大浩瀚的本初智慧的存在；那種智慧映現、遍佈於現象之中。這種智慧既古老又年輕，從未被世界的相對問題所玷污或削弱。

神聖世界和東方有所關聯，因為在這個世界中，總是有願景的可能性。東方代表了覺醒的黎明，人類意識的地平線；在那裡，願景不斷生起。無論你身在何處，當你睜開眼睛，你總是向前看，看向東方。即使在最墮落或最困惑的情況下，你總是擁有覺醒願景的可能性。最後，神聖世界被太陽所照

亮；太陽是永不停息的光明燦亮的原則。太陽也和看見世界自生的美善與富足的可能性有所關聯。一般而言，當你看見燦亮的光芒的時候，那光芒來自一個有限的能量來源。一根蠟燭的光亮，取決於它有多少的蠟，以及燭芯的粗細。一個燈泡的亮度，取決於通過燈泡的電流強度。但是東方大日永遠都在燃燒發光：它不需要燃料。事實上，的確有更大的光明不需要燃料，甚至不需要點火苗。看見神聖的世界，是見證了更大的願景，而那個願景一直都常在那裡。

世界秩序的可能性

神聖世界的體驗開始教導你，你是如何地和現象世界的光燦和富足交織在一起。你是那個世界自然的一部分，你開始看見自然的階層體系或自然秩序的可能性，而這個自然的階層體系或自然秩序，提供了如何處理你的人生的模範。一般而言，就負面的意義來看，階級被視為一個階梯或一個垂直的權力結構，權力集中在這個結構的頂端。如果你是在那個階梯的底端，那麼你會覺得你被位於上方的人壓迫，而試圖推翻它，或試圖爬得更高。但是對於勇士而言，發現階級是看見東方大日映現於每一處、每一件事物之中。你看見世界秩序的可能性，同時這些可能性不是以爭鬥和侵略為基礎。換句話說，你看見了一個可以和現象世界融合的方法，而這個方法既不是靜止的，也不是壓抑的。因此，對於階級的理解，展現為一種自然而然的禮儀，或知道如何行為得體。也就是說，你了解如何自然地存在於這個世界之中，因為你體

驗了不需要去培養的尊嚴和優雅。

勇士的禮儀是這種自然的融合與沈靜；它們源自於你和環境融洽和諧的感受。你不必努力把自己融入情境之中，但是情境自然而然地就會順應。當你達到這種層次的禮儀的時候，你就能拋棄串習這個巨大包袱的最後殘跡；你已經攜帶它們如此長的一段時間，來保護自己遠離自然。你可以欣賞自然所具有的特質，你了解到你不需要自我中心的伎倆錦囊。你了解到，你可以和自然共處，自然如是，你亦如是。你感受到安適或無拘無束。在你的世界中，你感覺如魚得水。

如此，喚請「爪拉」原則讓我們能夠和實相的基本特質和諧共處。現代的態度常常是努力去征服自然元素。用中央暖氣系統來征服冬天的寒冷，用空調來征服夏天的燠熱。當發生乾旱、洪水氾濫或颱風的時候，它們被視為人類與自然元素的戰爭，被視為自然力量的提醒——令人不自在的提醒。勇士的態度是，不試圖去克服存在的自然元素；一個人應該尊重自然元素的力量和秩序，把它們當做人類行為的指引。在中國和日本的古代哲學中，天、地、人三個原則，表達了人類生活和社會如何能夠和自然世界的秩序融合在一起的觀點。這些原則是以古代對自然的階層體系的了解為基礎。我發現，在陳述勇士之道的戒律的時候，天、地、人三原則對於描述勇士應該如何在神聖的世界中定位，非常有幫助。雖然就政治和社會而言，我們的價值觀相當不同於中國和日本帝國的價值觀，但是欣賞包含在這些自然秩序原則中的基本智慧，仍然是可能的。

天、地、人三原則的基本智慧

從字面意義來看，天、地、人可以被視爲頭頂上之天、腳底下之地，以及站立或坐於兩者之間的人類。不幸的是，在此使用「人」，而非「人類」，可能對某些讀者而言，是一種有限的意涵。（在這種情況下，「人」是指被賦予人形的存在——人類的存在——而不是相對於女人的男人。）在傳統上，天是神之界，是最神聖的空間。因此，從象徵的意義而言，天的原則代表了任何崇高的理想或浩瀚神聖的的體驗。天的宏偉莊嚴和憧憬，激發了人類的偉大崇高和創造力。另一方面，大地象徵實用性和接受力。它是維持和促進生命的基礎。大地或許看起來堅固頑強，但是大地是可以被穿透，並且在其上從事勞動的。大地是可以被耕耘的。天與地之間的適當關係，是使大地的原則柔軟順應的因素。你或許認爲，天空非常枯燥無味而且是概念性的，但是溫暖和愛也源自天空。天空是大地之降雨的源頭，因此天空以和諧同情連結著大地。當那種關聯被建立之後，大地開始屈從。它變得溫柔順從，由此綠色植物能夠在其上生長，人們能夠在其上耕耘。

接著是人的原則；它與單純簡樸，或與天地和諧共存有所關聯。當人類結合了天的自由和大地的實用性之後，他們可以彼此生活在一個良善的人類社會中。根據傳統，當人類社會和天、地的原則和諧共處的時候，四季和世界的自然元素也將和諧地共同運作。在此之後，沒有恐懼，人類開始參與生活在這個世界中，這是人類所應得的。他們有天在上，有地

在下；他們欣賞感激樹木和綠色植物等等。他們開始去欣賞所有的一切。

但是如果人類違反了他們的聯繫，或失去了他們對天與地的信任，將會帶來社會的混亂和天然的災害。在中國，用來代表統治者或帝王的字體，是一條垂直的線（一豎）連接三條水平的線（三橫），而這三條水平的線代表了天、地、人。這意味著，在一個良善的人類社會之中，帝王擁有結合天與地的力量。在傳統上，如果降雨豐沛，作物豐收，表示一國之君是純正的，真的結合了天與地。但是當乾旱、飢饉或洪水氾濫、地震等天災發生的時候，那麼帝王的力量就受到質疑。自然的和諧與人類事務的和諧有關的想法，不只是一個東方的概念。舉例來說，在《聖經》之中有許多故事，例如大衛王的故事，描寫了天與地之間的衝突，以及對國王所生起的懷疑。

如果我們把天、地、人的觀點應用在當今世界的情境之中，便開始了解，在我們所面對的社會問題和自然或環境問題之間，有一種關聯。當人類和自然、和天地失去聯繫之後，他們不知道如何滋養他們的環境或如何統治他們的世界——兩者是同一件事情。人類在毀滅他們的生態系統的同時，他們又毀滅彼此。從那種觀點來看，療癒我們的社會，與恢復我們和現象世界個人的、原始的聯繫，是相伴而來的。

當人類不知道要和頭頂上的開闊天空、腳底下的蒼翠大地共處的時候，他們很難擴展他們的願景。當我們覺得，天空是

一只鐵蓋，大地是一片乾枯的沙漠的時候，我們只想要隱藏自己，而非推己及人地協助他人。香巴拉願景不排斥科技，或過分簡單化地提倡「回歸自然」。但是在我們所居住的世界中，有空間我們可以去放鬆，並且去欣賞我們自己和我們的天地。我們能夠去愛自己，能夠抬起我們的頭與肩膀去看在天空中照耀的明燦太陽。

勇士之道的挑戰

勇士之道的挑戰是，如實且徹底地生活在世界上，並且在這個包含了所有矛盾的世界尋找當下的本質。如果我們張開我們的眼睛，如果我們敞開我們的心靈，如果我們開放我們的心，我們將發現，這個世界是一個神秘迷人的處所。這個世界是神秘迷人的，不是因為它哄騙了我們，或出乎意料地改變成為另一種事物。它是神秘迷人的，乃是因為它可以如此地生動鮮明，如此地光明燦亮。然而，只有當我們超越了活著的難堪，只有當我們有勇氣去顯現人類生命的美善和尊嚴，而沒有任何猶豫或驕慢的時候，我們才能夠發現這個神奇力量。然後，神奇的力量，或「爪拉」，就能夠降臨在我們的生命之上。

世界充滿了力量和智慧，而這力量和智慧是我們能夠擁有的。就某種意義而言，我們已經擁有了這種力量和智慧。藉由喚請「爪拉」，我們擁有了體驗神聖世界的可能性。這個神聖世界擁有自生的富足和燦亮——除此之外，尚有自然的階

層體系、自然秩序的可能性。那秩序包含了生命的所有面向
——包括那些醜陋的、酸苦的和悲傷的。但即使是那些特
質，也是生命的華美織品的一部分，可以被交織進我們的存
在之中。事實上，我們已經被編織進那片織品之中——不論
我們喜歡與否。認清那種連結是既強而有力又吉祥的。它讓
我們停止抱怨我們的世界，停止和我們的世界爭鬥。相反
的，我們可以開始慶祝和提倡世界的神聖。藉由遵循勇士之
道，擴展我們的願景，並且無畏無懼地對他人付出是可能
的。如此，我們擁有了達成根本改變的可能性。我們無法改
變世界的原貌，但是透過把自己向這樣的世界開放，我們或
許會發現溫柔、莊重和勇氣是可得的——不只有我們可以取
得，全人類也可以取得。

第十七章 ┃ 大自然的階層體系

依據大自然的階層體系來生活，不是遵循一連串的嚴苛規定，或用枯燥乏味的命令或行為準則來建構你的日常生活。世界擁有秩序、力量和富足，能夠教導你如何用善待他人、關愛自己的方式，有技巧地管理你的人生。

「拉」、「捻」、「瀘」——大地本身的規則和儀節

在上一個章節所討論的天、地、人三原則，是描述大自然的階層體系的一個方式。它們是看待宇宙世界的秩序的一個方式：一個更大的世界，所有人類都是其中的一部分。在這個章節中，我想要提出另一個方法來理解這個秩序，它是我的祖國西藏香巴拉智慧的一部分。這個世界觀也被分為三部分，即所謂的「拉」（lha）、「捻」（nyen）、「瀘」（lu）。這三個原則和天、地、人三原則並不衝突牴觸，但是如你所見，前三者是一種稍微不同的觀點。「拉」、「捻」、「瀘」三原則承認天命和人類的地位，但是比較根源於大地的法則。「拉」、「捻」、「瀘」描述了大地本身的規則和儀節，它們教導人類如何能夠把自己交織進入基本實相的結構之中。因此，應用「拉」、「捻」、「瀘」的原則，事實上是喚請「爪拉」的力量或原始的神奇力量的進一步方法。

「拉」的字面意義是「神聖的」或「神」，但是在這個情況下，「拉」是指地球上的最高點，而非一個神聖之界。「拉」的範圍是雪山之山巔；在這些山巔之上，有冰川和寸草不生的岩石。「拉」是最高點，是首先捕捉到日出光芒的地點。它是地球上觸及天空、觸及雲朵的處所；因此「拉」是大地能夠最親近天空之處。

在心理上，「拉」代表第一次的覺醒。它是一種極大的清新、自由的經驗，離於你染污的心的狀態。「拉」是在你的生命當中，第一次反映出東方大日的事物，它帶有照耀出、投射出巨大良善的意味。在身體之中，「拉」是頭部，特別是你的眼睛和額頭，因此它也代表了身體的提振和延伸。

其次是「捻」，字面的意義是「朋友」。「捻」始於山巒的巨大山肩，並且包括了森林、叢林和平原。一座山的山巔是「拉」，但是負有尊嚴的山肩是「捻」。在日本的武士傳統之中，在武士的制服上擴大而堅硬的肩部，代表了「捻」的原則。另外，在西方的軍事傳統中，使肩膀突出的肩章扮演了相同的角色。在身體之中，「捻」不只包括你的肩膀，也包含了你的軀幹、你的胸膛和由肋骨構成的胸廓。在心理上，「捻」是堅固，感覺穩固根基於良善，根基於大地。因此，「捻」和人類的勇氣與豪俠有所關聯。就那個意義而言，它是一種覺醒視野的友誼：充滿勇氣，並且幫助他人。

最後是「瀘」，其字面的意義是「水體」。它是海洋、河川和大湖的領域，水性和潤濕性的領域。「瀘」具有液態寶石的

特質，因此在這裡，潤濕性和豐沛有所關聯。在心理上，「瀘」的體驗如同跳入一個黃金湖。「瀘」也是清新，但是它和「拉」的冰河山峰之清新不太相同。在這裡，清新如同陽光映照在一面深潭之上，顯示如液態寶石般質地的水域。在身體之中，「瀘」是你的雙腿和雙足：腰部以下的一切。

「拉」、「捻」、「瀘」的情境意義

「拉」、「捻」、「瀘」也和季節有關。冬天是「拉」：它是最崇高的季節。在冬天，你覺得你彷彿是在樓上，在雲朵之上；它是冷冽而清新的，彷彿你在天空中飛翔。其次是春天，它從天空降臨，開始接觸大地。春天是一個從「拉」到「捻」的過渡。接著是夏天，充分發展的「捻」；在這個時候，事物是綠色且盛放的。然後，夏天發展成為秋天；秋天和「瀘」有所關聯，因為成果——最後的發展階段——在這個時候出現。秋天的結果和豐收，是「瀘」的成果。在四季的律動之中，「拉」、「捻」、「瀘」在發展過程中彼此互動。這適用於許多其他的情況。「拉」、「捻」、「瀘」的互動，如同一座山上的融雪。太陽溫暖了山巔，其上的冰川和積雪開始融化，那是「拉」。接著，水從山坡流下來，形成溪流和河川，那是「捻」。最後，河川匯入海洋，那是「瀘」，也就是成果。

「拉」、「捻」、「瀘」的互動，也可見於人類的互動和行為之中。舉例來說，金錢是「拉」的原則；開立一個銀行戶頭，

把你的錢存進銀行，即是「捻」；從銀行提款來支付你的帳單，或購買物品，是「瀘」。另一個例子則簡單如飲水。你無法從一只空的杯子喝水，因此你先把水倒進杯子之中，那就是「拉」的位置。然後，你用手拿起杯子，那是「捻」。最後，你喝水，那是「瀘」的位置。

在生活的每一個情境之中，「拉」、「捻」、「瀘」都扮演了一個角色。你所處理經手的每一個物品，都和這三個位置的其中一個有所關聯。舉例來說，就衣著而言，帽子是「拉」的位置，鞋子是「瀘」的位置，襯衫、洋裝和褲子，則是在「捻」的位置。如果你混淆了這些原則，那麼你會直覺地知道某件事情不對勁。舉例來說，如果太陽照在你的頭上，你不會把鞋子放在頭上來當做遮陽帽簷。另一方面，你不會把太陽眼鏡當做鞋子來穿。你不會把你的領帶塞進鞋子裡面，同樣的，你不應該把你的腳放在桌子上，因爲它混淆了「捻」和「瀘」。屬於「拉」這個領域的個人物品包括帽子、眼鏡、耳環、牙刷和髮梳。屬於「捻」這個領域的物品包括戒指、腰帶、領帶、襯衫和上衣、袖扣、手鐲和手表。屬於「瀘」這個領域的物品包括鞋子、襪子和內衣褲。我想它恐怕就是這麼如實。「拉」、「捻」、「瀘」是相當直接的，而且非常平凡。

奉行「拉」、「捻」、「瀘」的秩序，讓人類變得文明，因此我們可以把「拉」、「捻」、「瀘」的秩序當做究竟的規則。藉由遵循「拉」、「捻」、「瀘」的秩序，你的生活就能夠和現象世界的秩序達到和諧一致。有些人想要忽略這種基本的

社會規範。他們說：「如果我把鞋子放在我的頭上又怎麼樣？」雖然沒有人知道確切的原因，但是每一個人都知道，這麼做有點不太對。人們擁有一種直覺，促使他們把每一件衣物或家庭用品一一歸位。事實上，那些規範是合情合理的。如果你把某些物品放在特定的位置，那麼你的臥房和整個房屋都會更加井然有序。從此處，你在你的經驗中發展出律動和秩序。你不把你的衣服丟在地板上，你不把你的拖鞋放在你的枕頭底下，你不會用你的髮梳來刷亮你的鞋子。

忽略「拉」、「捻」、「瀘」秩序的毀滅性

忽略「拉」、「捻」、「瀘」的秩序是非常具有毀滅性的。如果繼秋天來的是夏天，而不是冬天，如果繼夏天而來的是春天，而不是秋天，那麼宇宙原則的整個秩序都被違反了。在那種情況下，作物將不會生長，動物將不會繁殖，我們將會面臨具有毀滅性的旱災和洪水氾濫。當社會的「拉」、「捻」、「瀘」秩序被違反了，就如同擾亂了四季的秩序一般：它動搖了社會，並且引起困惑。

有時候，你看到「拉」、「捻」、「瀘」的違犯反映在政治領袖的行為之上：美國總統把腳放在總統辦公室的桌面上；蘇聯赫魯雪夫總理用鞋子敲打聯合國講台的著名事件。在他們身上所現出的那些行為，不是真正的問題。體現「拉」、「捻」、「瀘」的法則，不只是擁有良好合宜的舉止而已。違反生活之神聖的態度，才是真正的問題：認為忽略世界的基

本規範，把世界弄得天翻地覆，是做出一番強而有力的聲明的方式。你失去了對現象世界的信任，同時你自己也成為一個不值得信賴的人，一個認為玩弄手段是通往成功之道的人。運用那種方式或許會獲得短暫的勝利，但終究你是把自己投入世界的排水溝之中。

因此，尊重「拉」、「捻」、「瀘」的秩序是非常重要的。這不表示僅僅擁有一個井然有序、每一件物品都各歸其位的家，來假意奉承這些原則。你先從欣賞你的世界、用一個清新的角度來觀看這個宇宙開始——我們已經一再討論這一點。然後，你感覺到「拉」、「捻」、「瀘」存在於你的身體、你的整個生命之中。你感受到「拉」的覺醒和願景、「捻」的堅實和溫柔，以及穿越大地的豐富可能性——「瀘」。接著，從發現基本的儀節，你開始了解到如何透過貢獻自己於他人、服務你的世界，以結合「拉」、「捻」、「瀘」的原則。

勇士以結合「拉」、「捻」、「瀘」來服務他人

鞠躬的動作，是結合「拉」、「捻」、「瀘」的一個例子。在許多東方文化之中，鞠躬是一種傳統的寒暄方式。對於香巴拉的勇士而言，鞠躬是臣服於他人、服務他人的一個象徵。我們在此所談論的，不只是鞠躬這個動作而已，也是勇士對他或她的人生的整個態度，那是一個無我無私奉獻的態度。當身為勇士的你鞠躬的時候，你先從建立你的頭和肩膀，挺

舉你的姿勢開始。你不是大吼一聲，然後鞠躬，你要先讓自己挺直。這使你和「拉」的領域產生連結，使你和生起「風馬」產生連結。它彷彿冰河在你的頭上，彷彿你是聖母峰。接著，從那寒冷清新的「拉」之冰河山峰的領域，你開始低下頭、背部微微弓起地彎下身來。你的頭帶領你的肩膀彎身鞠躬。這是用「捻」來結交朋友：你認識到你的肩膀的寬闊巨大。最後，你完成你的鞠躬。你臣服於「爐」的領域。你徹底地臣服。當你彎下身來的時候，你完全供養了「拉」、「捻」、「爐」三個系統。

鞠躬是把本初善和「風馬」贈與他人。因此，在鞠躬的時候，你正在把潛在的力量和神奇的力量讓渡出去，而且你是懷著真實的、合宜的感受在做這件事。它是一個包含了三個部分的過程：持守，感覺，交付。首先，你必須維持你的姿勢，否則你就沒有表明任何立場。如果你對著一個人鞠躬，只不過是撲的彎下身去，那麼那是一個非常虛假的鞠躬。它沒有任何用心在裡面。目睹那個鞠躬的人，你鞠躬的對象，將把你視為一個不值得信賴的人。其中的概念是，那個鞠躬的神奇力量，那個鞠躬的力量，事實上確認了雙方。當你向一名友人鞠躬，或向一個擁有那種力量、值得信賴的好人鞠躬的時候，你們就是在一起分享某件事物。如果你向落日觀鞠躬，向米老鼠鞠躬，那麼你就是在貶低自己、墮落自己。勇士從不做那種事。因此，鞠躬是以承認其他人的價值為基礎，他或她的「拉」、「捻」、「爐」存在於你的眼前。而且，為了以示尊敬，你要等到對方抬起身體之後，你才抬起

你的身體。

鞠躬代表了能量的相互交換，也是莊重、忠誠和臣服的標記。它也是如何結合「拉」、「捻」、「瀘」的範例和比喻。基本上，其重點是服務世界。幫助我們去形塑我們的世界的種種工具，也被認爲是結合「拉」、「捻」、「瀘」，應該受到特殊的敬重。同理適用於透過服務他人來幫助他人形塑生命的人。因此，一個老師受到高度的尊敬，因爲他或她正在結合學生內在的「拉」、「捻」、「瀘」。理想上，政治家和公僕也身負這個角色。勇士的整個角色，即是去結合「拉」、「捻」、「瀘」，來幫助他或她的人類同儕。

依據自然的階層體系來生活，不是遵循一連串的嚴苛規定，或用枯燥乏味的命令或行爲準則來建構你的日常生活。世界擁有秩序、力量和富足，能夠教導你如何用善待他人、關愛自己的方式，有技巧地管理你的人生。然而，光是研究「拉」、「捻」、「瀘」的原則是不夠的。發現大自然的階層體系必須是一個個人的體驗——神奇的力量必須是你親身體驗的事物。然後，你將永遠不會被誘惑，而把你的帽子放在地板上。更重要的是，你將永遠不會被引誘去欺騙你的鄰居或你的朋友。你將受到鼓舞激發而去服務世界，把自己完完全全地交付出去。

統馭你的世界的概念是，你能夠用一種有尊嚴、有紀律而不輕浮的方式來過生活，同時又能夠享受你的人生。你能夠結合生存和歡慶。

直接而動人的自然實相

勇士在發現實相的自然階層體系，以及他在那個世界的位置，是個既崇高又非常單純的旅程。它是單純的，因為它是如此的直接而動人。它觸動你的起源和出身——你在這個世界的位置、你的來處，以及你的歸屬。它彷彿是在黃昏時分，走一段長路散步通過樹林。你聽到鳥群的鳴叫，瞥見天空逐漸褪去的光芒。你看見一彎新月和群聚的星辰。你欣賞綠色植物的清新和野花的美麗。在遠處，狗群在吠叫，孩童在哭泣，偶爾你聽到汽車或卡車在高速公路上行駛的聲音。當風開始吹上你的臉頰的時候，你聞到林地的新鮮氣味，或者當你通過的時候，驚嚇到一隻兔子或鳥禽。當黃昏降臨，記憶中你的丈夫、你的妻子、你的孩子、你的祖父母、你的世界，皆浮現腦海。你記起你的第一間教室，你在那裡學習拼字、讀書和寫字。你記得你描著寫 i、o、m、a 等字母。你正走在「爪拉」的森林裡面，但是你仍然覺得，這片林地被

其他人類包圍著。然而，當你傾聽的時候，你只聽到自己的腳步聲——右、左、右、左，以及當你踩在一根乾樹枝上所發出的霹啪聲。

當你走進這個實相的世界，走進這個更大的或宇宙的世界，你將發現統馭你世界的方法——但是在同時，也將發現一種深刻的孤獨感。這個世界變成一座你的宮殿或你的王國是可能的，但是做為它的國王或皇后，你將成為一個心碎的君主。那不是一件壞事。事實上，它是成為一個正當的人的方式——除此之外，它也是成為一個了不起的、能夠幫助他人的人的方式。

這種孤寂是痛苦的，但在同時，它也是美麗的和真實的。出於這種痛苦的悲傷，一種願意和其他人一起努力的渴望和意願，將自然而然地產生。你了解到，你是獨一無二的。你了解到，做自己是美好的。由於你關心自己，因此你開始關心其他人；這些人曾經滋養你的生命，或者已經達成了他們自己的勇士旅程，為你能踏上這個道路而鋪路。因此，你對勇士的傳承、勇敢的人們，以及任何曾經踏上相同旅程、已經完成相同旅程的人，生起了虔誠心。在此同時，你開始去關心所有那些尚未踏上這個道路的人。因為你已經了解到，踏上這個旅程是可能的，你了解到，你可以幫助其他人去做相同的事情。

體驗生命的季節與交替

你開始了解到，你的生命中有季節，如同自然有季節一般。在你的生命之中，有耕耘和創造的時節；在這個時候，你滋養你的世界，並且誕生新構想和從事冒險。有繁榮和豐足的時節；在這個時候，你的生命是盛放的，並且感到精力充沛和擴展延伸。有收成的時節；在這個時候，事物到達了終點。它們已經達到了高峰，必須在它們開始凋萎之前收割。當然在最後，有冷冽和空虛的時節；在這個時候，新萌芽的春天如同一個遙遠的夢。這些人生的律動是自然的事件。它們彼此交織，如同日夜的更替，帶來了事物本然的訊息，而不是帶來希望和恐懼的訊息。如果你了解到，你人生的每一個階段，都是一個自然的事件，那麼你就不需要被人生所帶來的環境和情緒的改變所動搖，並且隨之起伏。你發現，你有機會時時刻刻充分地生活在這個世界之中，並且在任何情況之下，顯示自己是一個勇敢且驕傲的個人。

一般而言，生存和歡慶之間是有衝突的。生存，也就是照料你的基本需求，是以實用主義、努力和辛苦單調的工作為基礎。另一方面，歡慶常常和鋪張浪費、做一些自不量力的事情有關。統馭你的世界的概念是，你能夠用一種有尊嚴、有紀律而不輕浮的方式來過生活，同時又能夠享受你的人生。你能夠結合生存和歡慶。你正在統御的王國，就是你自己的人生：它是一個戶長的王國。不論你是否擁有一個丈夫或妻子和孩子，你的日常生活仍然有一個結構和模式。許多人覺

得，生活的規律是持續不斷的負擔和要求。他們希望每一秒鐘有不同的人生，或者每一餐有不同的菜餚。在某一個地方安頓下來，從事一份工作，擁有一個規律而有紀律的人生是必要的。生活越有紀律，人生就充滿越多喜樂。因此，你的生活模式是可以充滿喜悅的，是可以歡慶的，而不只是義務。那就是統御你的人生王國的意義。

在這裡，王國的概念是你的人生是有可能富裕且美好的。人們對於「富裕」有許多錯誤的見解。一般來說，富裕是指你擁有許多金錢，但是富裕的真正意義是，知道如何在你的人生中創造一個如黃金般的情境。也就是說，你的銀行帳戶裡可能只有二十美元，但是你仍然可以在你的世界裡展現富足。

有趣的是，如果你迷失在沙漠之中，沒有食物和水，即使你的背包裡有許多黃金，你也無法把它當食物來吃，無法把它當水來喝——因此你仍然飢餓乾渴。類似的情況也發生在許多擁有金錢的人身上。他們不知道如何去吃它，如何去喝它。我曾經聽過一個故事，關於一個印第安人酋長在他的土地上發現石油而致富。他決定立刻去購買二十個浴盆和水龍頭，來做為他富裕的象徵。人們可以花費數千美元，但仍然不滿足，仍然陷入巨大的痛苦之中。即使擁有所有的財富，他們可能仍然無法享用一頓簡單的餐點。

真正的富足是做一個平凡而完整的人

真正的富裕不會自動降臨。它必須被耕耘；你必須去掙得

它。否則，即使你擁有大量的金錢，你將仍然覺得飢餓。因此，如果你想要統治你的世界，請不要認為，你必須花一大筆金錢。相反的，真正的富裕來自運用人力，運用個人的力量。如果你的西裝上面有很多線頭、毛球，不要立刻把它送到乾洗店——你自己清理。這種做法便宜多了，而且比較有尊嚴。你投入你自己的能量和努力來照料你的世界。富裕之鑰或黃金之鑰，即是領會你能夠做一個窮人——或者我應該說，沒有錢的人——但仍然感覺美好，因為在任何情況下，你都已經擁有了富足的感受。那是通往富足的美好之鑰，也是統馭的第一個步驟：體悟富足來自於做一個莊重正當的人。你不必去嫉妒那些比你擁有更多財富的人。即使你窮困，你仍然可以很富足。

就如何處理世界的問題而言，那個竅門是非常有趣，而且非常強而有力的。這個世界的政見，太常以貧窮為基礎。如果人們窮困，他們就想從那些擁有比較多的人身上拿走金錢或資源。如果人們富裕——就擁有金錢而言——那麼他們就想要把持他們所擁有的，因為他們認為，放棄一些金錢將使他們貧窮。由於雙方懷有的心態，我們很難想像會有任何根本的改變。如果改變真的發生了，那麼這種改變也是以巨大的仇恨和暴力為基礎，因為雙方是如此地執著於他們認為是重要的事物。

當然，如果你正在挨餓，那麼食物是你所想要的。事實上，食物是你所需要的。但是，那些窮困的人的真誠慾望，常被無情地操縱。在這個世界上，以執著為基礎的戰爭一而再再

而三地發生。擁有金錢的人願意去犧牲數千人的性命,來保有他們的財富。另一方面,窮困的人願意去屠殺他們的同胞,來獲取一粒米,以及獲取口袋裡有一分錢的希望。

甘地要求印度人民去擁抱非暴力,去放棄執著於外國的方式;印度人民認為外國的方式與財富、繁榮有所關聯。由於大多數的印度人穿著英國製的布料,因此他要求印度人不要穿英國的布料,並且去編織自己的布料。這種自給自足的宣言,是提升尊嚴的一個方法,而且是一個強而有力的方法。而這種尊嚴不是以物質的擁有為基礎,而是以一個人本然具有的存在狀態為基礎。但是在同時,我們不應該把甘地非暴力的願景——甘地稱之為「不合作主義」(satyagraha)或「掌握真理」——和極端的禁慾主義混為一談。為了去尋找一個人本具的財富,而放棄所有的物質擁有和世俗的追求是沒有必要的。如果一個社會要擁有一種控制感和受到統馭,那麼某個人就必須穿著三件一套的西裝坐在談判桌前;某個人就必須穿著一件制服來維持和平。

香巴拉教法的基本訊息是,人類生命最美善的事物可以在平常凡俗的情況下被實現。那是基本的香巴拉智慧:在這個世界中,我們可以找到一個良善而且充滿意義的人生;而這個人生也將造福他人。那是我們真正的富足。當世界面臨核子毀滅的威脅,以及大規模的飢荒和貧窮的時候,統馭我們的生命意味著致力於生活在這個世界中,做一個平凡卻完整的人。這個世界的勇士典型即是如此確切。

宇宙君王之七寶

就實際的意義而言，我們如何能夠把富足感和統馭帶入日常生活之中？當勇士達到一個特定的心理狀態，已經徹底了解尊嚴和溫柔的基本原理，已經領會了「爪拉」原則和「拉」、「捻」、「瀘」原則的時候，那麼他或她應該仔細思考生活中財富或富足的一般意義。富足的基本修持是，學習去把存在於你的生命中的美好良善投射出去，如此一來，普遍的良善感就會顯耀出來。那種良善可以被反映在你梳頭髮的方式，你的西裝合身的方式，以及你的起居室的外觀——反映在你眼前的世界的任何事物之上。然後，透過培養我們所謂的「宇宙君王之七寶」（seven riches of the universal monarch），來進一步地體驗更大的富足是可能的。「七寶」是非常古老的範疇，首先被使用於印度，用來描述一個統治者的特質。在這種情況下，我們所談論的是從個人來發展這些特質。

統治者的第一寶是去擁有一個皇后（后寶）。這個皇后——或者如果你喜歡的話，我們可以說妻子或丈夫——代表了在你家中的莊重原則。當你和一個能夠分享你的人生的人生活在一起的時候——同時分享你的智慧和你的負面行為——這可以鼓勵你開放你的性格。你不把事情積藏在心裡面。然而，一個香巴拉人是不見得一定要結婚的。總有單身者的空間。單身者是他們自己的朋友，同時也擁有一群朋友。基本的原則是，在你的人際關係之中，發展莊重正當和通情達理。

宇宙君王的第二寶是大臣（臣寶）。大臣的原則是擁有一個顧問。你擁有配偶提昇莊重，然後你擁有提供意見和忠告的朋友們。據說，大臣應該是難測的。此處所謂的難測，不是說你的朋友是不光明正大或難以捉摸的，而是他們心中沒有一個計畫或目標，遮蔽了你們之間的友誼。他們的忠告或協助是開放且沒有限制的。

第三寶是將軍（將軍寶），代表了無所畏懼和保護。將軍也是一個朋友，一個無所畏懼的朋友，因為他或她會義無反顧地保護你、幫助你，去做任何需要做的事情。相對於提供忠告的朋友，將軍是一個真正照顧你的朋友。

第四寶是駿馬或馬（馬寶）。駿馬代表了勤奮、努力和精進。你不會落入懶散的圈套。你持續不斷地向前走，處理生活中的情況。

第五寶是大象（象寶），象徵穩定。你不會被欺騙或迷惑之風所動搖。你如同大象一般穩定。同時，一頭大象不同於樹幹一樣扎根在土地之中——牠移動和行走。因此，你可以穩定行走和向前移動，如同騎乘在一頭大象之上。

統治者的第六寶是如意寶珠，此與慷慨佈施有關。你不只是持守著運用先前的原則所達到的財富，你也放下財富，佈施財富——殷勤好客、開放和幽默。

第七寶是轉輪（輪寶）。在傳統上，整個宇宙的統治者持有一個黃金輪，而統治這個地球的君主則只有一個鐵輪。據說，

香巴拉的統治者持有那個鐵輪，因爲他們在這個地球上進行
統治。從個人的層次而言，轉輪代表統御你的世界。在人生
中，你合宜且充分地適如其位，如此一來，所有前述的原則
都能夠共同運作，來增長你生活裡的富足和尊嚴。

藉由應用這七寶的原則，你可以妥當地處理你的家庭生活。
你擁有一個妻子或丈夫來增進正當莊重；你擁有親密的朋
友，做爲你的顧問；你擁有你的護衛或友伴，無所畏懼地愛
護你。接著，在你的旅程、你的工作之中，你擁有勤奮精
進，而駿馬是它的代表。你時時刻刻騎乘在你的能量之上；
你從不放棄任何人生的難題。但在同時，你必須腳踏實地，
穩定得如同一頭大象。然後，擁有了所有這些，你不只是感
到自足，你也慷慨地對待其他人，如同滿願如意寶珠一般。
因爲如此，你徹底地管理你的家室；你握有統御之輪。那是
如何用一種覺醒的態度來管理你的家庭的願景。

完成這些事情之後，你覺得你的人生適當且充分地建立了。
你覺得黃金雨持續地降下。它感覺穩固、單純且直接。然
後，你也有一種溫柔和開放的感受，彷彿一朵精緻美麗的花
朵，已經在你的人生之中吉祥地綻放。無論你展現什麼樣的
行爲，無論是接受或排拒，你開始對香巴拉智慧的寶藏開放
自己。重點是，當有和諧的時候，也會有基本的財富。雖然
在那個特別的時刻，你可能身無分文，但是卻沒有問題。你
是突然間，永恆地富足。

如果你想要解決世界的問題，你必須把你自己的家庭、你個

人的生活放在第一位。那似是有點自相矛盾。人們擁有一個
真誠的慾望，想要超越他們個人的、受限的生活來利益世
界。但是如果你不先從家庭著手，那麼你就沒有幫助世界的
希望。因此，學習如何統治的第一步，是學習去管理你的
家，你眼前的世界。毫無疑問地，如果你這麼做，下一步將
水到渠成。如果你不如此做，那麼你對這個世界的貢獻，只
將成為更大的混亂。

第三部
眞威相

對於尊嚴的香巴拉人而言，
一個不會退減的眞威相開始顯露。

第十九章 ▌ 宇宙君王

勇士之道的挑戰是，同時既勇敢又溫柔地，踏出那個繭，踏入
虛空之中。

在第二部，我們討論了發現神奇的力量或「爪拉」的可能
性，以及那個發現如何能夠讓我們把我們的存在，轉化成為
神聖世界的展現。雖然在某些方面，所有這些教法都是以非
常簡單且平凡的經驗為基礎，但在同時，你或許被這種觀點
弄得有點不知所措，彷彿你被不朽的智慧所包圍一般。你或
許仍然存有疑問要如何來實現勇士的願景。

純粹是你個人的意志力和精進帶來的勇氣，讓你去遵循香巴
拉勇士的道路？或者，你只是想像你正看見了東方大日，並
且寄予最大的厚望──希望你所見的正是「東方大日」？這
些都不管用。我們已經看到在過去，有一些人試圖在一夕之
間，急切地成為勇士。但是這麼做的結果，卻帶來了更深的
迷惑，而那個人也揭露了一層又一層的怯懦和無能。如果沒
有欣喜感和充滿神奇力量的修持，你會發現你正把自己逼入
瘋狂的高牆之中。

體驗本初善，了悟無我

勇士之道，如何做一個勇士，不是做笨拙且外行的嘗試，希望有朝一日，你將成爲一個內行的專家。在模仿和效法之間，是有不同的。效法勇士之道，勇士的見習生經歷戒律訓練的各個階段，不斷地回顧和重新檢視他自己的腳步或行爲。有時候，你發現進展的徵兆，有時候，你發現你錯失重點的徵兆。不論如何，這是實現勇士之道的唯一途徑。

體驗本初善或本初善完整且非造作的本質，是勇士之道的結果。這種體驗相同於徹底了悟無我，或了悟沒有參考點的眞理。然而，只有在你和存在於生活中的參考點共處共事的時候，你才能夠發現沒有參考點。在此處，我們所謂的參考點，僅是指所有的情況和境遇，它們都是你的人生旅程的一部分：清洗你的衣服、吃早餐、中餐和晚餐，支付帳單。你的一週從星期一開始，然後你有星期二、星期三、星期四、星期五、星期六和星期日。你在清晨六點起床，然後早晨過去了，你有中午、下午、傍晚和夜晚。你知道什麼時候要起床，什麼時候要沖澡，什麼時候去上班，什麼時候吃晚餐，以及什麼時候躺下來睡覺。即使一個簡單的動作如喝一杯茶，都包含了許多參考點。你替自己倒一杯茶；你舀起一匙糖，並且把它帶近你的茶杯；你把湯匙放進杯子裡面攪拌，如此一來，糖就會充分地和茶混合均勻；你把湯匙放下；你握著杯柄，拿起杯子，把杯子靠近你的嘴巴；你啜飲一口

茶，然後把杯子放下。所有這些過程，都是簡單而平凡的參考點，顯示你人生旅程的行為舉止上。

其次，你也有如何表達情緒的參考點。你戀愛，你爭吵，有時候你對人生感到乏味無趣，因此你讀報或看電視。所有這些情緒的織理結構，提供了你的生活舉止的參考點。

勇士之道的原則的首要關注是，學習去欣賞那些過程，去欣賞那些世俗的參考點。但是之後，透過與人生平常情況的互動，你可能會有驚人的發現。當你喝一杯茶的時候，你可能發現你正在虛空中喝茶。事實上，你甚至沒有在喝茶。是虛空正在喝茶。因此，當你在從事微不足道的平凡事的時候，那參考點可能會帶來沒有參考點的體驗。當你穿上你的褲子或襯衫的時候，你可能會發現，你正在替虛空裝扮。當你化妝的時候，你會發現你正在替虛空化妝。你正在美化虛空（space），美化全然的空無（nothingness）。

虛空是一個廣大浩瀚的世界

就一般的意義而言，我們認為虛空是某種空無所有或沒有生命的事物。但是在這種情況下，虛空是一個廣大浩瀚的世界，擁有吸收、認知和容納的能力。你可以替它化妝，用它來喝茶，用它來吃餅乾，在它裡面擦亮你的鞋子。有某種事物在那裡。但是諷刺的是，如果你仔細地去檢視它，你不會發現任何事物。如果你嘗試把手指放在它上面，你會發現，你甚至沒有一根手指可以放在上面！那是本初善的原始本

質，而正是那種本質讓一個人成為一名勇士，成為勇士中的勇士。

基本上，勇士是一個不懼怕虛空的人。儒夫時時刻刻活在虛空的恐怖之中。當儒夫獨自在森林中，聽不到一絲聲響的時候，他會認為有鬼魂潛伏在某處。在寂靜之中，他開始在心中製造各式各樣的妖怪和魔鬼。儒夫害怕黑暗，因為他看不見任何東西。他害怕寂靜，因為他無法聽見任何聲音。儒夫創造各式各樣的參考點或情況，而把非造作的事物轉變成為一個恐懼的情境。但是對於勇士而言，非造作不必是有條件的或有限的。它不必是正面的或負面的，但它可以只是中性的——一如它的原貌。

落日世界害怕虛空，害怕沒有參考點的真相。在那個世界中，人們害怕做一個脆弱、容易受傷的人。他們害怕把自己的肌肉、骨骼和骨髓暴露給外在的世界。他們害怕超越為自己所設定的條件或參考點。在落日世界中，人們完全相信他們的參考點。他們認為，如果開放自己，無異是把一個開放的傷口暴露給細菌和疾病。一個飢腸轆轆的吸血鬼可能就在附近，聞到血液的味道，要來把他們吃個精光。落日世界教導你應該護衛你的血肉，應該穿上一套盔甲來保護自己。但是你究竟要保護自己避免什麼？避免虛空。

如果你成功且徹底地包裝自己，你或許會覺得安全無慮，但是你也會覺得非常的孤獨。這不是勇士的孤獨，而是儒夫的孤獨——被困在繭之中，與基本的人類情感斷絕的孤獨。你

不知道如何脫下你的盔甲。沒有了你自己的安全感的參考點，你不知道如何自處。勇士之道的挑戰是，同時既勇敢又溫柔地踏出那個繭，踏入虛空之中。你可以暴露你的傷口和血肉，暴露你的痛處。

通常當你有一個傷口的時候，你在傷口上面敷上繃帶，直到它癒合爲止。然後，你取下繃帶，讓癒合的肌膚接觸外在的世界。在這種情況下，你毫無條件地把一個開放的傷口、開放的血肉暴露出來。你可以毫不掩飾地在你的丈夫或你的妻子、你的銀行業者、你的房東，以及任何你遇見的人的面前顯露傷口。

宇宙君王的誕生

從此，一個超凡的生命誕生了：宇宙君王誕生了。香巴拉對於君王的定義是，一個非常本然無飾、並且敏感的人，願意對他人敞開他或她的心。那是你如何成爲一個國王或皇后、你的世界的統治者的方式。統治宇宙的方式，即是暴露你的心，如此一來，其他人可以看見你的心跳動，看見你血紅的肌膚，看見血液在你的靜脈和動脈之中搏動。

一般而言，我們對一個國王的負面想法是，一個和其他人保持距離、把自己隱藏在宮殿之中，創造一個王國來保護自己避開這個世界的人。在這裡，我們所談論的是，爲了促進人類的福祉，你把你自己開放給其他人。在香巴拉的世界中，君王的力量來自做一個非常柔和的人。它來自敞開你的心，

如此一來，你就能夠把你的心和其他人分享。你沒有什麼要去隱藏，你沒有一套盔甲。你的體驗是赤裸裸的、直接的。它甚至是超越赤裸的——它是生的，沒有經過烹煮的。

這是勇士之道的結果：徹底而根本地了悟本初善。在那個層次，完全沒有對本初善的疑惑，因此，你對於自己也完全沒有疑惑。當你把你赤裸的肌膚暴露給宇宙的時候，你能說：「我應該放上第二層皮膚嗎？我是不是太赤裸了？」你不能這麼說。在那個時候，沒有第二個念頭的空間。你沒有什麼可以失去，亦無什麼可以獲得。你只是完全地暴露你的心。

在這個階段，勇士的旅程奠基於安住在勇士之道的狀態中，而不是奮力去採取下一個步驟。勇士在他的成就之中，體驗了一種放鬆感，而這種放鬆不是以自我中心的關注爲基礎，而是安住於非造作的自信、離於憤怒侵略。因此，勇士的旅程變得如同一朵花在綻放——它是一個擴展的自然過程。

我們在上一個章節討論到的達到宇宙君王的了悟境界，是發展所謂勇士「眞威相」（authentic presence）的結果。在藏文之中，「眞威相」是「汪淌」（wangthang），字面的意義是「力量的場域」。然而，由於這個辭彙是指人類的一個特質，因此在這裡我們把它翻譯成爲「眞威相」。眞威相的基本意義是，因爲你達到了某種功德或美德，那種美德開始反映在你的生命、你的存在之中。因此，眞威相是以因果爲基礎的。你所積聚的功德，是眞威相之因；眞威相本身則是果。

真威相的內外意義

眞威相有一個外在的或凡俗的意義，是任何人都可以經驗到的。如果一個人是謙虛、莊重和努力的，那麼他將開始對周圍的人展現某種良善和健全感。但是，眞威相的內在意義，

則特別和香巴拉的勇士之道有所關聯。內在的真威相不只是來自於做一個莊重、良善的人，而是和了悟本初的虛空或了悟無我有所關聯。帶來內在的真威相的原因或美德，即是掏空和放下。你必須沒有執著。內在的真威相，來自於「自他交換」，來自於能夠把他人視為自己，慷慨而不執取。因此，帶來內在真威相的功德，是無執著的心的體驗，無執之心。

當你遇見一個具有內在真威相的人，你發現他擁有如此強大有力的真誠，或許是相當嚇人的，因為它是這麼純粹、正直和真實。你體驗到一種權威感從這具有內在真威相的人身上散發出來。雖然他也許只是一個收垃圾的人，或一個計程車司機，然而他或她有一種提振的品質，因此吸引你、控制你的注意力。這不僅是個人非凡的魅力。一個具有內在真威相的人，已經非常致力於自己，完成他徹底和嚴密的旅程。經由放下，放棄個人舒服和固執的心，他獲得真威相。

一方面，真威相是放下我執的漸進發展結果。另一方面，它也是放下執著心的一個瞬間的、魔術般的神秘過程。這兩者一直都共同運作。帶來真威相的那一突然且自發的方法，即是生起「風馬」或「龍踏」，其基本上是喚起本初善的能量，使成為欣喜和力量之風。雖然提供如何生起「風馬」的實際教導，超出本書的範圍，但是我希望從我們的討論，你已經開始了解「風馬」的基本能量。生起「風馬」是在當下驅逐抑鬱和疑惑的一個途徑。它不是一個驅邪的方式，而是一個振奮的進程。也就是說，生起「風馬」，能夠喚起並實現無畏和勇敢的生動面向。為了在你心的狀態之中喚起巨大的覺

醒，生起「風馬」是超越懷疑和猶豫的一個神奇的修法。當你已經生起了「龍踏」，眞威相就會顯現。

勇士之道之四威嚴

但是在那個時候，你對於眞威相的覺受，或許只是浮光掠影。爲了維持那種覺受，並且充分地展現那種眞威相，戒律是有必要的。因此，爲了使眞威相更加深刻進展，有一個發展的過程。這個過程被稱爲勇士之道的四威嚴。這條道路和如何把越來越多的虛空融入你的世界之中有關，如此到了最後，你就能夠達到宇宙君王的了悟。當你的世界變得越來越廣闊浩瀚的時候，很顯然地，任何自我中心、自我本位的存在，都變得越來越遙遠。因此，四威嚴的道路也和了悟無我有所關聯。四威嚴分別是溫柔謙恭、振奮昂揚、勇猛無畏和不可測度。所有人類都體驗過某種形式的四威嚴。基本上，溫柔謙恭是體驗一種謙遜柔和的存在狀態。振奮昂揚是和高揚的、朝氣蓬勃的能量有所關聯。勇猛無畏是勇敢大膽，不帶希望和恐懼地進入各種狀況。而不可測度是圓滿的體驗，以及非造作的、自然自發的成就。

雖然每一個人都親身經歷過這些能量的展現，但是除非應用實際的戒律和覺察，否則你的人生就不會有任何向前邁進的基本感受，而四威嚴也會被埋葬成爲你的串習的一部分，而不會成爲邁向無我之路。因此在根本上，四威嚴必須和勇士的道路連結在一起。事實上，在那條道路上，四威嚴是一個

高深的次第。勇士只有在他或她發展了對於本初善的不變信念、已經看到東方大日映照在神聖世界的體驗之後，才能夠了悟四威嚴。在那個時候，勇士接上一個永不耗竭的能量之源；那是「風馬」的能量，能夠讓勇士的旅程充滿力量。因此，風馬是供給四威嚴能量的燃料，而眞威相則是車乘工具。

這有一點自相矛盾：一方面，四威嚴是發展眞威相的一個過程；另一方面，眞威相的經驗，則能讓四威嚴的道路開展。爲了解釋這一點，我們可以簡單地說，無我既是這個旅程的基礎，也是這個旅程的結果。除非我們能夠放下自我，否則我們完全無法達成這段勇士的旅程。另外來說，一旦我們放下之後，我們會發現，我們可以融合更寬闊的願景和更宏大的心靈。因此，無我是廣大浩瀚之縷線——如果說有這樣一種東西存在的話——貫穿了整個旅途。在這個階段，勇士的旅程奠基於安住在勇士之道的狀態中，而不是奮力去採取下一個步驟。勇士在他的成就之中，體驗了一種放鬆感，而這種放鬆不是以自我中心的關注爲基礎，而是安住於非造作的自信、離於憤怒侵略。因此，勇士的旅程變得如同一朵花在綻放——它是一個擴展的自然過程。

溫柔謙恭的勇士

溫柔謙恭是第一威嚴。在此，溫柔謙恭不是指軟弱；它只是意味著，安住在一個簡樸的狀態中，簡單不複雜，同時又容

易親近。不論別人是充滿敵意或友善的，溫柔謙恭的勇士對己仁慈，對他人慈悲。總而言之，你的心沒有被俗務佔據，而且你從來不會被瑣碎、不重要的情況所誘惑。這是因為你的覺察，讓你避免了會模糊東方大日的願景的活動。因此，你總是保有溫柔謙恭，並且持守良好的戒律。

溫柔謙恭的原則有三個階段。第一個階段是，由於勇士是謙沖為懷的，因此他的心永遠不會被有毒的驕慢所膨脹。在此，謙沖不是指以為自己是渺小而微不足道，謙沖在此是指感覺真實和純正。因此，勇士感到自足，不需要外在的參考點來肯定他。謙沖的一部分是一種潛在的、含蓄的光耀，是自給自足的，但又光芒閃耀。勇士的覺察伴隨著巨大的好奇心顯耀出來——對周遭每一件事物的強烈興趣。你開始把事物視為自然的訊息，而不把它們當做你存在的參考點。一般的好奇心和溫柔謙恭的勇士之道的好奇心差異在於，勇士的覺察永遠和戒律結合在一起。因此，你不會錯失任何事物；你看見每一個細節。這般充滿戒律的覺察即是在清淨那個基地，如此一來，宇宙開始成為你的願景的一部分。

溫柔謙恭的第二個階段是非造作的自信的展現。在此，我們用一頭正值青壯年的老虎來比喻溫柔謙恭。這隻老虎緩慢卻充滿覺察地穿過叢林。在這種情況下，這隻老虎不是在叢林中搜尋獵物，希望能夠猛撲在其他動物身上。相反的，老虎的形象展現了自給自足和謙沖的結合。老虎緩慢且專注地走過叢林。由於老虎喜歡牠的身體、牠的活力以及牠的韻律感，因此牠是放鬆的。從牠的鼻尖到牠的尾端，沒有任何問

題。牠的動作如同波浪；牠游過叢林。因此，牠的覺察伴隨著放鬆和自信。這用來比喻勇士的自信。對於溫柔謙恭的勇士而言，自信是覺知和專注的自然狀態，而勇士是用這種方法來處理他的種種事務。

溫柔謙恭的第三個階段是，由於沒有猶豫，勇士的心是廣大浩瀚的。他的心是振奮的，能夠看穿天空的界限。在此，廣大浩瀚不是來自於看到眼前更大的未來，並且期待你將會成為一個振奮昂揚、勇猛無畏和不可測度的人，最後成為最偉大的勇士。更確切地說，廣大浩瀚來自看見你自己當下之處的偉大——你自己的特別位置。你了解到，你的心的基本狀態不再是一個問題，你和香巴拉願景、東方大日的關係也不再是一個問題。因此，野心和自覺匱乏之心都被克服了。廣大浩瀚的心也來自於分享「爪拉」的願景。事實上，你能夠跳入那浩瀚無垠、充滿力量的神奇之汪洋；它可能是充滿痛苦亦可能是舒暢愉悅的，但仍然是令人感到欣喜的。

溫柔謙恭的結果是，因為勇士擁有非凡的精進，因此他能夠完成任何他想要實現的目的或目標。精進的意義不是迅速、侵略或強制。如同叢林中的老虎，你既放鬆又精力充沛。你時時刻刻充滿好奇心，但是你的覺察也是訓練有素的，因此你毫不費力地完成每一個活動，而且你激勵周遭的人做同樣的事情。

溫柔謙恭的勇士已經把得益、勝利和名聲遠遠拋在身後。你不仰賴其他人的回饋，因為你對自己沒有疑慮。你不信靠鼓

勵或洩氣；因此，你也不需要對其他人展示你的英勇。在一般的落日世界之中，自重是非常稀有罕見的。但是當你生起你的風馬之後，你感覺美好，並且信任自己。由於你尊重自己，因此你不需要依賴得益和勝利。也由於你信任自己，因此你沒有必要懼怕他人。因此，溫柔謙恭的勇士不需要迂迴地欺詐其他人；所以，他的尊嚴永遠不會退減。

因此，溫柔謙恭提供了廣大浩瀚的願景和自信。四威嚴從這種謙遜恭敬卻廣大浩瀚的願景開始；儘管願景是廣大浩瀚的，但是勇士也細心地注意到所有的細微末節。這個旅程的初始，是這種實現的自然感，而這種自然感是不需要向其他人乞討而來的。

振奮昂揚的勇士

振奮昂揚的原則是以一頭雪獅為象徵；雪獅享受高山的清新涼爽。雪獅充滿生氣、精力充沛又朝氣蓬勃。牠漫步在高地上，那裡的大氣是潔淨透明的，空氣清新涼爽。周圍的景物有野花、一些樹木，以及零星的巨礫和岩石。那裡的氣氛是清新而新鮮的，也有一種良善而愉快的感受。振奮昂揚不是指一個人因為暫時的情況而活躍振作起來。它指的是非造作的愉快爽朗，源自不間斷的戒律。如同雪獅享受清新提神的空氣一般，振奮昂揚的勇士不斷地持守戒律，不斷地享受戒律。對於勇士而言，戒律不是一種要求，而是一種樂趣。

振奮昂揚有兩個階段。第一個階段是體驗一個振奮鼓舞和充

滿喜樂的心。在這種情況下，一顆振奮鼓舞的心代表一種喜樂的持續狀態，而這種狀態不是由任何事物所引起的。在此同時，這種喜悅之心的體驗，來自於你先前所體驗的溫柔謙恭。因此，我們可以說，振奮昂揚是由於溫柔謙恭之故。溫柔謙恭的謙虛、專注和明亮，帶來了欣喜的自然感受。從那種充滿喜樂的心，振奮昂揚的勇士發展出靈巧，而這種靈巧展現在他所從事的每一個行為之中。他的行為總是美妙而充滿尊嚴。

振奮昂揚的第二個階段是，振奮昂揚的勇士從不會落入疑惑的陷阱之中。根本的疑惑是懷疑自己。而如我們在第五章所討論的，當身體和心靈失去同體一致的時候，這種疑惑就會出現。這種疑惑可以展現為焦慮、忌妒或驕慢，或者極端的形式——由於你懷疑自己的信心而詆毀誹謗他人。振奮昂揚的勇士安住在源自於溫柔謙恭的信任狀態之中，所以他沒有疑惑，因為如此，他永遠不會進入眾所周知的下三道。下三道是指純粹為了生存而過活。下三道有許多不同的面向。一個面向是純粹出自於動物的本能來過活，彷彿你的整個生存都是以殺害他人、吞噬他人為基礎。第二個面向是，你飽受自覺匱乏的困擾。你體驗到常時的飢餓及喪失生命的恐懼。第三個可能性是體驗恆久的混亂狀態，並且活在一個偏執妄想的世界中；在這個世界中，你折磨自己。由於振奮昂揚的勇士是離於疑惑的，而且不斷持守戒律，因此他不會墮入下三道。振奮昂揚的勇士擁有上三道的所有良善美好。存在於上三道，是指擁有明淨和清晰。勇士永遠保持覺察，從來不

會迷惑於何者該接受、何者該拒斥。

總括來說，由於謙恭和溫柔已經出現在前一個階段的勇士之道，因此你邁向更進一步的旅程，進入振奮昂揚的階段。振奮昂揚的勇士從來不會落入疑惑的陷阱，總是充滿喜樂與靈巧；由於你永遠不會成為下三道的奴隸，因此你沒有迷惑和昏沈愚鈍。這成就了一個健全完整的人生。因此，振奮昂揚的成果或究竟的概念是，你獲得了一個健全的身體和心靈，以及身心的協調一致。振奮昂揚的勇士是既謙遜、振奮且又基本上朝氣蓬勃的。

勇猛無畏的勇士

勇猛無畏不是指沒有理性或狂野不羈。在此，勇猛無畏是指擁有勇士之道的強韌和力量。勇猛無畏是以無所畏懼的成就為基礎，意思是指完全超越了恐懼。為了克服恐懼，去克服希望也是必要的。當你希冀人生中的某件事物的時候，如果沒有如願以償，你就會失望或沮喪。如果心想事成，你就會興奮得意。你時時刻刻坐在雲霄飛車上起起伏伏。由於勇士對自己完全沒有任何疑惑，所以勇猛無畏的勇士沒有什麼要去希冀，也沒有什麼要去恐懼。因此據說，勇猛無畏的勇士永遠不會落入希望的埋伏，因而能達到無所畏懼。

勇猛無畏是以大鵬金翅鳥（garuda）為象徵。大鵬金翅鳥是西藏傳說中的鳥禽，在傳統上被視為鳥禽之王。大鵬金翅鳥從蛋中孵化出來時，就已經羽翼豐滿，並且翱翔至外太空，

延展牠的雙翼,超越任何界限。同樣地,在克服了希望和恐懼之後,勇猛無畏的勇士發展出一種巨大的自由感。因此,勇猛無畏之心的狀態是非常廣闊的。你的心能量度整個虛空。你完全超越了任何退縮的可能性。你只是前進、前進和前進,徹底地擴展自己。如同大鵬金翅鳥王一般,勇猛無畏的勇士找不到任何能夠障蔽他的廣闊之心的事物。

由於沒有障蔽,勇猛無畏的勇士沒有測量虛空的意圖。對於你能夠走多遠,或者你應該抑制自己多少,你沒有任何焦慮不安。你已經完全拋棄了測量你的進步的參考點。因此,你體驗到極大的輕鬆。勇猛無畏是那廣大浩瀚的心已經超越了所超越的。一把精良的、自生的劍是形容勇猛無畏的比喻——要使劍鋒利的慾望,將使劍變鈍。如果你嘗試把一個競爭的或比較的邏輯應用在這個廣大的心的體驗之上,試圖去量度你已經測量了多少虛空、還剩下多少要去測量,或者其他人已經測量了多少,那麼你只是在弄鈍你的劍。它是徒勞無益的,而且會抵消結果。相對於那種態度,勇猛無畏是沒有成就者的成就、沒有參考點的成就。

簡而言之,由於他離於希望和恐懼,勇猛無畏的勇士翱翔在外太空,如同大鵬金翅鳥王。在這個虛空,你看不見恐懼,看不見不完美。因此,你體驗到一個更大的世界,獲得一個更大的心靈。當然,如此的成就是以勇士的溫柔謙恭和振奮昂揚的訓練為基礎。因為這些,你可以勇猛無畏。對於其他人,勇猛無畏的勇士也擁有極大的慈悲和憐憫。因為你沒有擴展願景的障礙,因此你擁有服務他人的無限能力。你能夠

幫助他們，提供任何他們所需要的事物。

不可測度的勇士

不可測度是以龍爲象徵。龍是精力充沛、強而有力和堅定不移的。但是沒有老虎的溫柔謙恭、雪獅的振奮昂揚，以及大鵬金翅鳥的勇猛無畏，龍的這些特質無法自立。

不可測度分爲兩個類別。第一是不可測度的狀態，第二是不可測度的展現。不可測度的狀態立基於無所畏懼。這不像一般所謂不可測度的概念，即是迂迴的，或不可解讀的。對於不可測度的勇士而言，他已經達到了無所畏懼，特別是從先前的勇猛無畏的經驗。從那無畏中你發展出溫柔和同情，讓你能夠不作許諾、不表態，而帶著幽默感。在這種情況下，我們所討論的是一種存在的狀態，如同龍的存在狀態，享受安住在天空的雲朵及風之中。然而，那種狀態不是靜止的。正像一棵堅實的橡樹因風而搖擺，幽默感讓一個人玩笑有趣。由於這種遊戲和幽默，憂鬱沒有存在的空間。因此，不可測度的狀態是充滿歡欣而有條理的。

根據傳統，夏季時龍駐留於天空，冬季則在地面冬眠。當春天來臨的時候，龍從地面升起，伴隨著薄霧和露水。當一場暴風是必要的時候，龍呼出閃電，哮出雷鳴。這個比喻讓我們在無可預測的背景脈絡之中，有了一點可預測之感。不可測度也是一種安頓在你信心之中的狀態──當刻保持穩固和放鬆。你是開放且無所畏懼的，離於渴望和疑慮，但在同

時，你又對世界的動態非常感興趣。你的覺醒和智慧讓你自給自足，並且對於不需要透過回饋來肯定的自信充滿信心。因此，不可測度的狀態是不需要肯定的信心。你感受到一種真誠感，你不欺騙自己或他人。那種見解來自於已然安頓。

不可測度是一種健全完整的狀態；在這種狀態之中，沒有鴻溝或猶豫。因此，它是一種真實存活的感受，一種真正帶領你的人生的感受；它是一種從骨子裡堅固的感受，但是在同時，你也持續不斷地磨銳你的智力。問題與答案同時出現，所以不可測度是持續的。它也是頑強不屈的；它從不放棄；你不改變你的心意。如果一個進程受到威脅，不可測度之心用極端的準確度來回應，不是因為侵略性，而是因為它的基本自信。

不可測度的展現，即是不可測度在行動中顯現其本身。主要的重點或有幾分不承諾不表態的態度，但在同時，你也不會中途放棄。你是不作許諾、不表態的，因為你對「肯定」沒有興趣。這不意味著你害怕你的行為落人口實，而是你對成為眾人矚目的焦點興趣缺缺。然而在同一時間，你對其他人非常忠誠，因此你總是懷著對他人的同情來完成你的計畫。

不可測度的顯現是講求方法和優雅的。練習不可測度的方法是，你不詳細解釋說明真理實相。在你的成就中，你用醒覺的欣然來暗示真理實相。詳細說明真理有什麼不對？當你詳細說明真理的時候，真理就喪失了它的本質，不是變成「我的」真理，就是變成「你的」真理；它成為它自己的終點。

當你詳細說明真理的時候，你是在花費你的資本，但是沒有人獲得任何利潤。它變得沒有威嚴，低廉免費。藉由暗示真理，真理不會變成任何人的財產。當天龍想要一場暴風雨的時候，牠引發雷鳴和閃電。那帶來降雨。真理實相是由它的環境產生出來的；如此，它成為一個強而有力的實相。從這種觀點來看，研究真相的印記特徵比真相本身來得更重要。真相不需要一個握柄。

不可測度的願景是去創造一個井井有條、強而有力、充滿溫柔謙恭的能量的世界。因此，不可測度的勇士不會匆匆忙忙。你從頭開始。首先，你尋找一個起始，一個點火點。其次，培養那個起始，你尋找一個具有同情心的環境，從中開始行動。由於你不妄下結論，你發現正面和負面的情況。然後，你尋找更遠的起始點。藉由不執著於你所擁有的事物，你透過創造更多具有同情的環境，玩笑遊戲般地進入下一個步驟。那提供了清新；你不會被你所採取的行動弄得窒息。勇士永遠不會成為他自己行為的奴隸。

因此，不可測度的行為是去創造一個包含了無所畏懼、溫暖熱情和純正真誠的環境。如果不欣賞這個世界或對這個世界沒有興趣，那麼很難去成就不可測度。恐懼和怯懦帶來憂鬱。沒有欣喜感，就不會為不可測度帶來足夠的空間。

四 威嚴之循序漸進

真威相帶來溫柔謙恭、振奮昂揚、勇猛無畏，最後達到不可

測度。自然地，勇士見習生必須接受訓練，從擁有正確的人生態度開始。正確的人生態度不一定是把世界看成一個遊樂園，而是體驗歡欣，並且優雅地生活。痛苦、憂鬱和歡樂，或許是研習的原始資料。健全感讓人生值得活下去；真誠感則帶來自信。

不可測度的體驗不是一個有算計的體驗。它不是在學習一個新的伎倆或模仿其他人。當你自在安適的時候，你發現一種真正健康的心的狀態。培養不可測度，即是去學習如是存在。有人說每一個人都擁有自信的潛能。當我們在這裡說到自信的時候，我們指的是覺醒覺悟的自信——不是指對某件事物有信心，而只是擁有信心。這種信心是非造作的。不可測度是離於任何分析策略的火花。當你遭遇一個情況的時候，挑戰和興趣同時出現。你用一個開放的心態和直接的行動來著手進行。這帶來了喜悅，以及自然而然發展形成的指導方針。

不可測度來自於付出，而非來自於取拿。當你付出的時候，你發現服務供給自動地唾手可得——於是，勇士征服了世界。如此一個慷慨佈施的概念，帶來了免於約束抑制的自由。然後輕鬆就這麼形成。

勇士不必去奮力掙扎。奮力掙扎不是不可測度的作風和格調。勇士見習生可能會感到失去耐心或能力不足。在那個時候，你必須對自己表現不可測度。據說，放慢任何的衝動，是最佳的開始方法。當勇士感到在大地上的統馭感和秩序

感，那種領會帶來了某種突破性的進展。那個封閉、自覺匱乏的世界開始分崩離析，並且從那種自由的感受之中，你開始欣賞自然的階層體系；你是這個階層體系的一部分。之後，不可測度變成自然之道，包括尊敬長者、同情親屬，以及對同儕有信心。在那個時候，學習就沒有了掙扎，障礙也被克服了。

當我們談到階層體系的時候，我們指的是宇宙的結構和秩序——勇士必須欣賞的繼承感。然而，光是欣賞它是不夠的。戒律是有必要的，而戒律來自於了解這樣的一個世界是為你而造的，人們耗費精力來扶養你長大成人，在你衰弱的時刻，你受到人們的協助，當你需要啟發的時候，你受到鼓舞。因此，真心為其他人服務的戒律，來自於欣賞感謝階層體系。

不可測度是明亮且無所畏懼的，因為勇士被東方大日的願景所引導。有了精進和欣喜，你可以提升、鼓舞自己來達到真威相，並且最終，達到宇宙君王的存在狀態。藉由開放你自己，並且無懼地給予付出與他人，你可以協助去創造一個充滿力量的勇士世界。

第廿一章 ▎香巴拉傳承

在香巴拉的教法之中，傳承的概念和一個人與本初智慧的連結有關。那種智慧是可以親近取得的，並且非常簡單，但也非常的廣大深奧。

展開勇士的旅程，首先要取決於你個人對真誠和本初善的了悟。然而，為了要繼續這段旅程，為了要踏上四威嚴的道路，並且達到真威相，那麼擁有一個嚮導是必要的——一個勇士上師來替你引路。究竟而言，唯有當你擁有一個活生生的人類範例——一個已經放棄自私自利或自我的人，你才有可能放棄自私或自我。

勇士上師傳遞延續香巴拉教法

在這個章節之中，我們將要討論香巴拉教法中的傳承概念，也就是說，在香巴拉的世界中，完全了悟的清明智慧如何能夠被傳遞給一個人，如此一來，他或她就能夠體現那種清明智慧，並且幫助其他人也成就那種清明智慧。因此在這個章節之中，我們將要仔細思考勇士上師的特質，以及這些特質如何被傳遞給勇士上師，並且由他傳遞給另一個人。

基本上，在香巴拉教法中的傳承概念，和我們在第二部所討

論的宇宙之鏡的智慧如何被傳遞，並且在人類身上延續下去有所關聯。讓我們簡短地回顧，宇宙之鏡的特質是，它是非造作的、無條件的、廣大開放的虛空。它是一個永恆的、完全開放的虛空，一個超越疑問的虛空。在宇宙之鏡的領域中，你的心完全伸展了它的願景，超越疑惑。在有念頭之前，在思考過程開始之前，宇宙之鏡就已經存在了；它沒有邊界——沒有中心，也沒有邊緣。如我們所討論的，體驗這個虛空的方式，即是透過靜坐禪修。

如我們在第十二章「發現神奇的力量」所討論的，體驗宇宙之鏡的境界，讓智慧得以生起——廣大深刻的覺知的智慧，超越衝突的智慧，被稱之為「爪拉」。體驗「爪拉」有各種不同的層次。「爪拉」的本初或究竟的層次是直接體驗宇宙之鏡的智慧。當你體驗了那種智慧，那麼你就是在接觸香巴拉傳承的起源，也就是智慧的源頭。

在本書的第一章，我們討論了環繞在香巴拉這個歷史王國和香巴拉統治者周圍的神話迷思。如我們在這裡所討論的，一些人相信，這個王國仍然隱藏在地球的某一處，而其他人則把這王國視為一個象徵和隱喻，甚至認為它是已經上昇至天界的一個王國。但是根據我們所討論的香巴拉教法，這些教法的來源，或者我們可以說香巴拉王國本身，不是某種神祕的天界。它是宇宙之鏡的境界；如果人類放鬆和擴展他們的心靈，那麼宇宙之鏡這個原始的領域是永遠可以企及的。從這個觀點來看，香巴拉的最高統治者——被稱為香巴拉國王——利格登王（Rigden kings of Shambhala）——是宇宙之鏡

的居民。他們是廣大之心的智慧、「爪拉」究竟智慧的本初展現。因此，他們被認爲是究竟的「爪拉」。

究竟「爪拉」的三個特徵——本初、不變、勇敢

究竟的「爪拉」有三個特徵。第一，如我們所討論的，它是本初的、原始的。它不是指回到石器時代或是某種史前時代。它是超越思惟過程，或是在我們想到任何事物之前的。那是把宇宙之鏡據爲其王國的利格登王的存在狀態。「不變」是究竟「爪拉」的第二個特質。在香巴拉國王的境界之中，沒有第二個念頭。第二念是指閃爍不定的心，對於你的覺知的清淨沒有信心，因此你的心搖擺不定，猶豫不決。在這裡，沒有第二念。它是一個不變的境地，完全不移。「勇敢」是究竟「爪拉」的第三個特質。勇敢的意思是，你甚至不會屈服於任何可能的疑惑；事實上，在這個領域之中，不論如何都沒有任何疑惑的空間。

因此，當你接觸到宇宙之鏡的智慧的時候，你正是在遇見究竟的「爪拉」，也就是香巴拉的利格登王。他們廣大浩瀚的願景超越所有人類的活動範圍，並且存在於心之本身開放的、非造作的虛空之中。我們可以說，他們如此地看顧和保護人間事務。然而，這和香巴拉國王居住在某個天界，並且從那裡看顧地球的見解是相當不同的。

內在的「爪拉」的三種特質——溫柔、無畏、辨別

一旦和究竟的「爪拉」相連之後，把本初智慧和香巴拉國王的願景傳遞到人類覺知的層次，便是有可能的。如我們在「發現神奇的力量」所討論的，覺知的廣大浩瀚可以在單純簡樸之中、在一個單一的覺知之中、在當下獲得。當我們讓廣大浩瀚進入我們的覺知之後，它變成「爪拉」；它變得清晰光燦——充滿神奇。當我們擁有這種體驗之後，我們遇見所謂的內在的「爪拉」。內在「爪拉」經由宇宙之鏡的智慧，也就是利格登王加持授權，在這個現象世界之中展現出光燦和優雅。內在「爪拉」被分為母系傳承和父系傳承。母系傳承代表溫柔，父系傳承代表無畏。溫柔和無畏是內在「爪拉」的頭兩個特質。當一個人真的能夠安住在光燦的、離於接受和拒斥的世界中，安住在體驗「爪拉」於一切現象的世界中，那麼他或她自然而然地會在那個空間體驗到極大的溫柔和無所畏懼。

內在「爪拉」的第三種特質是結合了溫柔和無所畏懼的辨別智。有了辨別智之後，溫柔不再是普通的溫柔，它變成神聖世界的體驗。而無所畏懼超越了蠻幹冒險，並且在一個人的生活中展現優雅和富足。因此，覺察基本的敏銳清晰結合了溫柔和無畏，創造出廣大浩瀚、認識欣賞的勇士覺受世界。

最後，究竟的和內在的「爪拉」智慧可以被傳遞給一個活生生的人。換句話說，藉由完全了悟宇宙之鏡非造作的原則，

以及在清晰光燦的覺知中徹底喚起那個原則，一個人可以變成活生生的「爪拉」——活生生的神奇力量。這是一個人結合香巴拉勇士傳承和成為一個勇士上師的方法——不只是透過喚請「爪拉」，也透過體現「爪拉」。因此，勇士上師體現了外在的「爪拉」原則。

勇士上師的基本特質

勇士上師的基本特質是，他的存在喚起了宇宙之鏡的體驗，以及其他人的覺知的神奇力量。也就是說，他的存在當下超越了二元性，因此據說他擁有完全的真威相。當勇士的見習生體驗到這種勢不可擋的真誠的時候，它容許他們、激勵他們在剎那之間超越一己的自私，超越自我。

我認為，這是一個相當難以理解的概念，或許我們應該更深入地討論勇士上師的特質，如此一來這個概念就會變得更加清晰。首先，勇士上師誕生在宇宙之鏡的境域；在那個地方，沒有開始，也沒有結束——僅僅只有一個廣大浩瀚的狀態。他的了悟或他的存在狀態，不完全是訓練或哲學的結果。相反的，他已經完全地放鬆於宇宙之鏡非造作的清淨之中。所以，他已經體驗了非造作的覺醒，離於自我。因為他總是能夠進入那個非造作的虛空，他從不受制於迷妄或自私自利的昏沈。他完全地覺醒。也如此，勇士上師的能量永遠和究竟的「爪拉」、利格登王的廣大願景連結在一起。因此，他是離於迷妄的。

第二，由於勇士上師完全認同於他自己和香巴拉國王的智慧傳承無別，由見證了一切眾生皆具有本初善之故，因此他開始發展出大溫柔、大慈悲。當勇士上師觀看週遭世界的時候，他知道所有人類都擁有本初善，知道他們至少有權利去了悟他們自己的純正真誠。此外，他們擁有自內在誕生宇宙君王的可能性。所以，勇士上師的心中生起了極大的慷慨和極大的慈悲。

他發現東方大日已經完全進入他的心，是如此的徹底完全，以至於他能夠顯現東方大日的明晰光燦，並且把東方大日的光芒照耀在落日世界昏暮中受苦的有情眾生身上。勇士上師看見了勇士之道的完整道路。他能夠延伸那道路、提供那道路給勇士見習生——給任何渴望圓滿實現他或她之寶貴人身的人。

最後，出於對人類的大悲，勇士上師能夠結合天與地。也就是說，人類的理想和人類所立足的大地，可以被勇士上師的力量結合在一起。然後，天與地開始共舞，而人類也覺得，不必為了誰擁有天最好的部分或誰擁有大地最糟糕的部分而紛爭。

為了結合天與地，你需要自信和對自己的信任。但是除此之外，在結合天與地的時候，你必須超越一己的自私自利。你必須沒有自私自利。如果某個人認為：「現在我有它了？哈，哈！」——那行不通。結合天與地，只有在你超越一個自我本位的態度之後才會發生。沒有人能夠結合天與地，如

果那個人是自私的，因為那個時候，他既不擁有天，也不擁有地。相反的，他被困在一個塑膠般的領域之中，一個人造的、可怖的領域。結合天與地，只會來自於超過私慾──超過你自私的需求。它來自於毫無貪愛，來自於超越慾望。如果勇士上師沈醉於自己的真威相，那麼將是災難性的。因此，勇士上師非常謙遜，極端地謙遜。他的謙遜來自於和其他人相處共事。當你和其他人相處共事的時候，你了解到耐性的必要，以及給予他人空間和時間，來發展他們自己對本初善和勇士之道的了解。如果你瘋狂地試著要把本初善加諸到其他人身上，那麼除了造成更進一步的大混亂之外，什麼事也不會發生。明白這一點之後，你在和其他人相處的時候，你變得非常謙遜，非常有耐性。你讓事情在它們自己的時間表內發展成形。因此，耐性是時時刻刻把溫柔和信心擴及他人。你永遠不會對他們所具有的本初善失去信心，永遠不會對他們實現當下和神聖的能力、成為世界的勇士的能力失去信心。

勇士上師用耐性來引導他的學生，並且供給溫柔──沒有激進侵略。他也用真實──穩定而堅定──來引導他的學生。如果真理如同在風中飄揚的旗幟，那麼你永遠不會知道你是在看旗幟的哪一面。因此，這裡的概念是，做一個真實的人，即是做一個堅實且完全穩定的人，如同一座山岳一般。你可以仰賴勇士上師的清明智慧；它永遠不會動搖。他是完全的真誠純正。

由於在勇士上師的心靈狀態或在他的存在之中沒有恐懼，因

此幫助他人的過程不斷地發生。勇士上師的心是完全離於怠惰的。在無所畏懼地推己及人的時候，勇士上師對弟子的活動表現出強烈的興趣——從他們晚餐吃什麼，上至他們心靈狀態的層次；他們是否快樂或悲傷，喜悅或抑鬱。因此，在勇士上師和勇士見習生之間，會產生相互的幽默和欣賞。

但最重要的是，在他生命中的每一個活動，在他所採取的每一個行動之中，總是擁有神奇的力量——總是如此。不論他做什麼，香巴拉的勇士上師都引導弟子的心靈進入利格登王充滿願景的心靈之中，進入宇宙之鏡的虛空之中。他時時挑戰他的學生去超越自己的界限，去跨入實相世界的廣大浩瀚和明晰光燦之中；而他自己就安住在這個實相世界之中。他所提供的挑戰，不完全是爲學生設置障礙或慈恩鼓動學生。相反的，他的眞威相是一個不間斷的挑戰，去做純正且眞實的人。

為利眾生建立覺醒社會香巴拉

總而言之，在香巴拉的教法之中，傳承的概念和一個人與本初智慧的連結有關。那種智慧是可以親近取得的，並且非常簡單，但也非常的廣大深奧。通往專制和墮落之道在於執著於概念，沒有進入清淨境的通道，在那裡沒有希望和恐懼這兩件事。在宇宙之鏡的境界中，攀附於概念和疑惑從未被人所聽聞，而那些讚揚人類的眞正美善——人類本具的本初善——的人，總是能夠以某種形式進入這個清淨的領域。

數個世紀以來，許多人皆已尋求究竟的美善，並且試圖把它分享給人類同胞。爲了實現這個目標，需要圓滿無瑕的戒律和堅定不移的信念。那些在探尋和宣告的過程中，曾經表現得無畏無懼的人，不論他們的宗教、哲學或信念是什麼，他們都屬於勇士上師的傳承。如此這般的人性領袖和人類智慧的守護者，其獨特出眾之處在於，他們無所畏懼地展現溫柔和純正——爲了一切眾生的利益而展現。我們應該以他們做爲崇敬的榜樣，感謝他們爲我們所鋪設的道路。他們是香巴拉的父親和母親，在這個黑暗墮落的時代之中，他們讓一個覺醒的社會成爲可能。

回向文

憑藉那金色東方大日之完全信心

願歷代香巴拉國王的智慧之蓮園花朵，燦然綻放

願眾生的黑暗無明悉皆盡除

願眾生永享深徹明亮的光輝

附錄 ▍ 香巴拉訓練課程相關資訊

靜坐禪修是了悟和了解本書所討論的所有原則的基礎。對於那些有興趣追求本書所描述的勇士之道的人,「香巴拉訓練」(Shambhala Training)提供一系列的週末課程,介紹靜坐禪修,以及香巴拉願景的原則。第一天的晚間是一場免費的介紹課程。在週末期間,將提供個別的禪修教授、與課程指導導師單獨面談,以及演講、團體討論和長時間的禪修。

「香巴拉訓練」分為五個研習層次:

層次一:身而為人的藝術(The Art of Being Human)
層次二:勇士的誕生(Birth of the Warrior)
層次三:住世的勇士(Warrior in the World)
層次四:覺醒的心(Awakened Heart)
層次五:開闊的天空(Open Sky)

「香巴拉訓練」也為那些完成層次五的人,提供一個結業後的進階研習課程。並且贊助各種文化和社會活動,開放給學員、朋友和有興趣的社會大眾。

在本書印行之時,香巴拉訓練中心已經在以下的城市設立:

美　國

加州柏克萊
加州洛杉磯
加州聖地牙哥
加州舊金山
科羅拉多州博德市
科羅拉多州紅羽湖市(Red Feather Lakes)洛磯山香巴拉中心(Rocky Mountain Shambhala Center),編按:現改稱香巴拉山脈中心(Shambhala Mountain Center)
華盛頓特區

喬治亞州亞特蘭大市
伊利諾州芝加哥市
肯塔基州雷辛頓市（Lexington）
馬里蘭州巴爾的摩市
麻塞諸塞州波士頓
明尼蘇達州明尼亞波利斯市
紐約州紐約市
俄亥俄州辛辛那提市
奧瑞岡州波特藍市
賓夕法尼亞州費城
德克薩斯州奧斯汀市（Austin）
佛蒙特州巴涅特市（Barnet），嘎美丘林（Karmê-Chöling）
佛蒙特州伯靈頓市（Burlington）
華盛頓州西雅圖
威斯康辛州密瓦基市（Milwaukee）

加拿大

亞伯達省艾德蒙頓市（Edmonton）
英屬哥倫比亞尼爾森（Nelson）
英屬哥倫比亞溫哥華
英屬哥倫比亞維多利亞市
新斯科細亞省哈利伐克斯（Halifax）
安大略省渥太華
安大略省多倫多
魁北克蒙特婁

歐 洲

奧地利維也納
捷克布拉格
英國倫敦
法國馬賽、巴黎、St. Yrieix sur Aixe（德千丘林，Dechen Chöling）

德國波昂、不來梅、法蘭克福、漢堡、瑪堡（Marburg）、慕尼黑
希臘雅典
義大利米蘭
荷蘭阿姆斯特丹
波蘭卡脫維茲（katowice）、克拉科（krakow）
西班牙馬德里
瑞士伯恩、盧加諾（Lugano）

其他地區

澳洲墨爾本
巴西聖保羅
智利聖地牙哥
日本京都
紐西蘭奧克蘭

若欲取得距離你的所在地最近的香巴拉訓練中心的資訊，請聯絡：

香巴拉訓練國際
（Shambhala Training International）

1084 Tower Road
Halifax, Nova Scotia
Canada B3H 2Y5
Phone：902-425-4275
Fax：902-423-2750
Website：www.shambhala.org. 編按：請參考香巴拉中心的網頁。有超
過一百個以上世界各地之香巴拉中心的資料可供諮詢。

後記

一九七五年，尊貴的邱陽‧創巴仁波切召集的一小群包括我自己在內的弟子，提出了一個世俗非宗教的戒律，並把它稱之為「香巴拉教法」。他解釋，這個戒律——我們現在稱它為「香巴拉訓練」——適合一切有情眾生，不論他們的出身、社會地位或先前的信仰是什麼。身為佛法之道的虔誠弟子，我們五味雜陳地聆聽這些首次發表的開示。雖然創巴仁波切常常毫無預警地提出新穎的題目和計畫，但是這個勇士之道和覺醒社會的願景是如此的廣大深奧，因此它更令人感到興奮，又令人感到威脅。

當創巴仁波切第一次在西方國家傳授佛法的時候，尤其是在北美洲，他的開示如同閃電般照亮了黑暗的天空。佛教已經在西方國家傳佈有相當一段時間，但是一直要到創巴仁波切把佛教和語言、風俗習慣做了直接的聯繫之後，佛法的實質才成為西方文化的一部分。這不是說在此之前，正統的佛法沒有被傳佈到西方國家，也沒有否定前人把佛教帶到西方國家的貢獻。許多老師，包括鈴木俊隆禪師（Shunryu Suzuki Roshi），已經窮畢生之力，把佛陀的古老傳承傳授給西方的弟子。由於基礎已經建立了，因此創巴仁波切及其弟子和西方世界之間的心靈交會，是自然自發且光輝燦爛的。否則，香巴拉教法的引進，將會是突然且令人吃驚的。

創巴仁波切在提出香巴拉智慧的時候，沒有任何猶豫或恐懼，一如他把佛教傳授給西方弟子一般。事實上，當他討論

事物的本質的時候，他從不會去區分西方和東方的不同。我
們開始在他身上看到，他做爲一個老師的嶄新面向。至少，
那是出乎意料的。那幾乎就像是重新發現一個失落的寶藏。
當他以多傑札都──無可摧毀的勇士──的身分出現的時候，
彷彿他一直莊嚴地坐在一匹白色的駿馬之上。他的光耀是非
造作、無懈可擊且優雅的。他教導我們去欣賞平凡的事物，
以及介紹給我們在現代隨便的世界中似乎是極端可驚的行爲
規範。對此，我們心生抗拒，因爲我們從小被教導，不拘禮
節等於輕鬆。但是，他和世界相處共事的方式是如此的振奮
愉悅、如此的充滿欣喜，因此哪一個才是眞實之道不證自
明。一個人不必僵硬拘謹，也能夠充滿尊嚴，眞誠有禮。

多傑札都的存在方式，是尊重世界和他人的展現。他能夠透
過一個簡單的動作來展示這一點──戴上帽子，穿上外套，
或者握一隻筆、一個打火機的方式。他欣賞生活中最平凡的
事物的程度，他和他的身體、他的環境共處共事的方式──
每件事物都擁有當下之存在，因此每件事物都展現了與生俱
來的美善。他也用這個方法來教導自然的階層體系。他指出
在這個世界上，眞正的勇士了解事物如何被安置、被使用、
被保存，來做爲欣賞本初善的展現。

他要求我去幫忙設計一個有組織化的方式，來呈現香巴拉的
智慧，如此一來，人們就能夠分享這個經驗。他和我及一群
學生開始共同合作，來發展香巴拉訓練課程。當我開始想到
他所給予的暗示，尤其是他交付給我許多責任來呈現這些教
法的時候，我知道我必須有所成長，必須眞誠，必須克服猶

豫。我的心裡有一點恐懼，不知道一個人是否能夠接受簡練如本初善這樣的一個教法，而不把它貶低爲另一個自我救助的哲學。爲了呈現香巴拉的教法、爲了一再呈現平常的智慧，並且用一個清新且眞誠的方式來呈現，是一個巨大的挑戰。讓我繼續向前的是，多傑札都所顯現的實相，勇士的實相——是他的一言一行。

他所呈現的神聖世界的願景，是獨一無二、完整且直接的。然而很顯然地，他在呈現這個願景的時候，沒有像現代的自我精神分析說明會那般，經過事先的、刻意的規劃；在那種說明會之中，每一件事物都可以被解決，都可以被行銷。發展香巴拉訓練課程肯定不是一個簡單的工作，但是由於這些教法自生的智慧，它自然而然且有機地發展成形。從這個過程之中，我們對於彼此的欣賞加深。雖然創巴仁波切明顯地是在給予我們一個挑戰，但他總是展現了一個眞正勇士的溫柔。他的態度充滿完全的耐性和寬闊，信任我們會對勇士之道產生個人的理解。最重要的是，我記得他願意讓我們去實驗，去測試我們的體驗。他知道，我們都懷有疑慮，他解答所有的問題。他不屈不撓，無所畏懼，僅僅是因爲他擁有堅定不移的信念。

現在我更加充分地了解和欣賞香巴拉傳統的獨一無二，以及香巴拉智慧的平常性。當一個人接觸這些想法或閱讀這本書，聽到一個完全陌生、卻又完全熟悉的語言的時候，那種智慧變得明顯。創巴仁波切所呈現的香巴拉教法的智慧，是這個世界前所未聞的；然而，它又是如此的熟悉，被任何年

齡階層、處於任何人生情境的人所認知認同。香巴拉的教法是人類良善的最佳體現，而這種良善本來就存在於每個文化之中。同時，這些想法和見解可以輕易地融入日常生活之中。那是香巴拉教法獨一無二的特質。它們是生活的智慧和尊嚴直接且自然的展現。

創巴仁波切把這些教法留給我們全體。他對這個世界的慷慨和關愛的程度是巨大的。在西方，他不只是引進藏傳佛教傳統的先鋒，他也重新引進被人遺忘的勇士傳統。在他四十七年的生命之中，有十七年生活在北美洲。他的成就是如此的浩大，用如此直接的方式影響了許多人。他傳授香巴拉的教法有十年的時間。就時間和歷史而言，十年似乎微不足道；但是在那短暫的時間之內，他所驅動強大的良善力量，事實上能夠改變世界。

在未來的年歲之中，他的人生對我們所有人造成的巨大影響，將會越來越明顯。即使在撰寫這篇後記的時候——在他圓寂之後不久，他與我們短暫停留的感受是如此的穿透人心又無可更移。我們這些承負這個傳統的人必須這麼做，因為他教導我們如何面對實相，而他把面對實相呈現為戒律和覺醒勇士的道路。為了延續這個傳統，他投入時間來訓練那麼多人香巴拉的勇士之道，是了不起的。然而，我們仍然不能把這種延續視為理所當然，因為他一定會說，每一個刹那都活在挑戰之中，所以在每一刻中我們全都要對生命重新做出承諾。

我希望這些回憶能夠讓讀者稍微了解，能夠身處在一個傳遞

這麼深奧地教法的意識世界，是什麼樣的感受。我身為「香巴拉訓練」的共同創始人，以及在過程之初即深入參與的人，我們奉獻全部的心力，希望全世界的每一個人都能夠接觸到多傑札都的教法，並且投注我們所有的努力、能量和生命力，來創造一個覺醒的社會，這個多傑札都所顯示給我們的覺醒的社會。我個人深感的責任，回報創巴仁波切的方式，即是確定他的願景、他的教法和他的法門的正確性不僅長存不朽，也要確定它們能夠成為人類文化質地的一部分。這不只是試圖去保存對一個偉大人物的記憶。他完全不會自命不凡，或關心這類事情；相反的，他時時刻刻為了每一個人的利益而努力。無論他面對的情況是充滿緊張或沈悶，或充滿激情或興奮，他永遠都是一個清晰的典範，教導我們用溫柔、幽默和無畏無懼來面對世界。

這是他留給我們的傳奇。我們對他的那種精神、那種事業——時時刻刻，永遠付出百分之百的香巴拉勇士的人生——充滿虔敬。我祈願也盼望，這個偉大的教法能夠傳播至全世界。現在是一個連最基本的人類價值——關愛和慈悲——都遺失在惡劣之海的時代。我們比任何時候都需要這些教法來提醒自己，我們擁有與生俱來的崇高莊嚴。願東方大日的美好良善永遠照耀，願本初善的信心喚醒每一處勇士的心與心靈。

金剛攝政王歐色・天津

嘎美丘林

佛蒙特州巴涅特市

一九八七年十一月二十七日

東方大日
Great Eastern Sun: The Wisdom of Shambhala

作者｜邱陽‧創巴仁波切｜Chögyam Trungpa
編者｜凱洛琳‧羅絲‧吉米安｜Carolyn Rose Gimian
譯者｜楊書婷

東方大日是一種生活態度，充滿歡愉感，有著不可思議的開放性與生活能量，如果你能像十點鐘的太陽般敞開胸懷，接受萬物本來的樣貌，一些奇妙的事情就會發生……

在本書中，收錄了創巴仁波切最後十年的開示內容，讓《香巴拉勇士》（Shambhala: The Sacred Path of the Warrior）一書裡所開始的旅程，於此達到了新的親密度與深度。創巴仁波切具有不可思議的直覺，不僅能透視我們最深層的恐懼，也很清楚這類恐懼如何受到現今社會種種壓力的強化。在本書中，他針對許多這類恐懼做開示：包括現代生活的快速與疏離；憂鬱；唯物主義；侵犯、憤怒與焦慮；以及自我價值的缺損。

創巴仁波切同時也深信人性的良善，並且相信我們有能力創造一個覺悟的人類社會。他極熱切地想要告訴我們，每個人都是真誠而有力的、並且都能幫助這個世界。他以一個良善之點或火花來作為貫穿本書的意象，而這是我們隨時可以取得的──也是在生活中點引我們勇士精神的燃料。在這超凡而激勵人心的書中，仁波切於字裡行間一再促請我們擁抱生活、並且找到「東方大日」（Great Eastern Sun）──亦即我們在每一瞬間所具有的神性與健全之火花。

書系｜善知識系列
書號｜JM0004
定價｜300元

善知識系列　JB0029

覺悟勇士

作者　　　　邱陽·創巴仁波切
　　　　　　（Chögyam Trungpa）
譯者　　　　項慧齡
特約編輯　　蔡雅琴
校對　　　　林昌榮
封面設計　　奇異果
內頁版型　　歐陽碧智

總編輯　　　張嘉芳
編輯　　　　游璧如
業務　　　　顏宏紋
出版　　　　橡樹林文化
　　　　　　城邦文化事業股份有限公司
　　　　　　104台北市民生東路二段141號5樓
　　　　　　電話：(02)2500-7696　傳眞：(02)2500-1951
發行　　　　英屬蓋曼群島商家庭傳媒股份有限公司城邦分公司
　　　　　　104台北市中山區民生東路二段141號2樓
　　　　　　客服服務專線：(02) 2500-7718；2500-1991
　　　　　　24小時傳眞專線：(02) 25001990；25001991
　　　　　　服務時間：週一至週五上午09:30 ～ 12:00；下午13:30 ～ 17:00
　　　　　　劃撥帳號：19863813　戶名：書虫股份有限公司
　　　　　　讀者服務信箱：service@readingclub.com.tw
香港發行所　城邦（香港）出版集團有限公司
　　　　　　香港灣仔駱克道193號東超商業中心1樓
　　　　　　電話：(852) 25086231　傳眞：(852) 25789337
　　　　　　E-mail：hkcite@biznetvigator.com
馬新發行所　城邦（馬新）出版集團【Cité (M) Sdn. Bhd. (458372U)】
　　　　　　41, Jalan Radin Anum, Bandar Baru Sri Petaling,
　　　　　　57000 Kuala Lumpur, Malaysia.
　　　　　　電話：(603) 90578822　傳眞：(603) 90576622
　　　　　　E-mail：cite@cite.com.my

國家圖書館出版品預行編目資料

覺悟勇士/邱陽·創巴（Chögyam Trungpa）
　著；項慧齡譯. --初版--臺北市：橡樹林文化
出版：家庭傳媒城邦分公司發行, 2006 [95]
　面；公分 --（善知識系列；JB0029）
譯自：Shambhala : The Sacred Path of
The Warrior
ISBN 986-7884-53-1（平裝）

1.藏傳佛教－修持　2.生活指導

226.966　　　　　　　　　　95000586

初版一刷　　2006年 6 月
初版七刷　　2021年 1 月
ISBN 986-7884-53-1
定價：230元
版權所有·翻印必究（Printed in Taiwan）
缺頁或破損請寄回更換